CONCEIÇÃO EVARISTO

Yasmin Santos

CONCEIÇÃO EVARISTO

Voz insubmissa

1ª edição

Coleção Brasileiras

Organização
Joselia Aguiar

Rio de Janeiro
2024

Copyright © Yasmin Santos, 2024

Todos os direitos reservados. É proibido reproduzir, armazenar ou transmitir partes deste livro, através de quaisquer meios, sem prévia autorização por escrito.

Todos os esforços foram feitos para localizar os fotógrafos das imagens e os autores dos textos reproduzidos neste livro. A editora compromete-se a dar os devidos créditos em uma próxima edição, caso os autores as reconheçam e possam provar sua autoria. Nossa intenção é divulgar o material iconográfico, de maneira a ilustrar as ideias aqui publicadas, sem qualquer intuito de violar direitos de terceiros.

Design de capa e ilustração: Hana Luzia
Design do caderno de imagens: Hana Luzia

CIP-BRASIL. CATALOGAÇÃO NA PUBLICAÇÃO
SINDICATO NACIONAL DOS EDITORES DE LIVROS, RJ

S239c

Santos, Yasmin
    Conceição Evaristo : voz insubmissa / Yasmin Santos ; organização Joselia Aguiar. - 1. ed. - Rio de Janeiro : Rosa dos Tempos, 2024. (Brasileiras)

    ISBN 978-65-8982-837-2

    1. Evaristo, Conceição, 1946-. 2. Escritoras brasileiras - Biografia. I. Aguiar, Joselia. II. Título. III. Série.

24-93675

CDD: 928.69
CDU: 929:821.134.3(81)

Gabriela Faray Ferreira Lopes - Bibliotecária - CRB-7/6643

Este livro foi revisado segundo o Acordo Ortográfico da Língua Portuguesa de 1990.

Direitos desta edição adquiridos pela
EDITORA ROSA DOS TEMPOS
Um selo da
EDITORA RECORD LTDA.
Rua Argentina, 171 – Rio de Janeiro, RJ – 20921–380
Tel.: (21) 2585–2000.

Seja um leitor preferencial Record.
Cadastre-se em www.record.com.br
e receba informações sobre nossos
lançamentos e nossas promoções.

Atendimento e venda direta ao leitor:
sac@record.com.br

Impresso no Brasil
2024

À minha Santíssima Trindade:
vó Alayde, Adilson, meu pai, e Maria Eugênia,
minha mãe de olhos d'água

"Toda história é sempre
sua invenção
qualquer memória é sempre
um hiato no vazio."

(Leda Maria Martins, "Solstício")

SUMÁRIO

A COLEÇÃO BRASILEIRAS   11

PREFÁCIO: AS ÁGUAS DE CONCEIÇÃO EVARISTO   13

1. Fios de ferro   17
2. Âncora dos navios   47
3. Minha voz-banzo   63
4. Esse alquebrado corpo   87
5. Invisível presença   105
6. Desconcertantes mistérios   129
7. Morder a palavra   159
8. Águas correntezas   179

9. Fio invisível e tônico   199
10. Do árduo refazer de mim   229

AGRADECIMENTOS   259
BIBLIOGRAFIA   261

A COLEÇÃO BRASILEIRAS

BRASILEIRAS É A COLEÇÃO que apresenta mulheres que construíram, expandiram e transformaram seus campos de atuação no país – das artes à ciência, do meio ambiente à política.

Estão vivíssimas, no exercício vigoroso de suas atividades e com muito a realizar, ou nasceram em épocas passadas, quando pertencer ao gênero feminino tornava ainda mais difícil a escolha de caminhos, a hora da decisão, a sucessão de oportunidades e o aplauso de seus feitos.

Há aquelas cujo talento e impacto já são celebrados. Outras merecem mais pesquisa, valorização e divulgação junto a um público amplo, para além de suas comunidades, lutas e seus nichos. O seu reconhecimento se dá por vezes tardiamente, embora sua atuação e obra possuam tal eloquência que é impossível permanecerem inaudíveis, tampouco esquecidas.

Os perfis são breves e pensados para leitoras e leitores de todas as idades que desejam uma primeira aproximação com essas histórias de vida. Escritos numa variedade de estilos no conjunto do que chamamos *não ficção literária*, os volumes possuem abordagem autoral distinta, indo do mais jornalístico ao histórico, entre a narração e o ensaio, como resultado de procedimentos múltiplos, como a observação atenta, a busca em arquivos, as entrevistas *in loco* ou a memória pessoal.

PREFÁCIO
AS ÁGUAS DE CONCEIÇÃO EVARISTO

JOANA JOSEFINA EVARISTO, lavadeira que não teve como prosseguir no ensino formal, se preocupou em matricular os nove filhos nas melhores escolas da capital mineira, aproveitando as ofertas de bolsa, mesmo distantes de onde moravam. Não importava se teriam de cumprir um trajeto que durava mais de meia hora a pé, da favela até a sala de aula em bairros de gente mais abastada.

Uma de suas crianças parecia promissora nas letras. A mãe apresentou à filha o alfabeto, ensinou-lhe a formar sílabas, guiou seus dedos no exercício de copiar o nome   Conceição Evaristo, aos 12 anos, começou a cumprir seu destino ao vencer um concurso de redação de tema desafiador: "Por que me orgulho de ser brasileira." A decisão do júri não foi unânime, porque a verve militante da candidata causou certo incômodo em alguns dos integrantes.

A mãe continuou a incentivá-la a ler e escrever. Eram jornais, livros e revistas doados por patroas, ou recolhidos do lixo. Até que chegou à casa *Quarto de despejo*, de Carolina Maria de Jesus. A leitura levou Joana, ela própria, a fazer um diário, à semelhança da autora, que, de dentro da favela, se tornava fenômeno de vendas naquele começo da década de 1960. Enquanto a mãe registrava a vida real nas anotações que passou a fazer diariamente, na escola a filha inventava ficções quando lhe pediam redações sobre as férias, passadas em fazendas de um tio latifundiário que jamais existiu. À consciência social familiar, somava-se uma vocação literária inescapável.

Acontece muita coisa até que, somente aos 57 anos, Conceição Evaristo publicou seu livro de estreia, *Ponciá Vicêncio* (2003). Tratava-se de uma veterana que inaugurava, no século 21, um capítulo novo na literatura brasileira. A mãe, Joana, ainda bem, sobreviveu para assistir à sua consagração. Quando ela faleceu, em 2021, às vésperas de completar 99 anos, a

PREFÁCIO

filha se tornou uma das mais influentes escritoras do país, uma espécie de popstar para legiões de leitoras, sobretudo para as que a têm como exemplo e guia.

Yasmin Santos, que se afirma também como um ponto fora da curva na família, escreveu este retrato delicado e consciencioso, em que combina reportagem e ensaio, para contar a trajetória de tantos desvios de rotas, de esperas e, ao mesmo tempo, de talento, de compromisso com as lutas e de persistência. Conceição Evaristo, com sua valente doçura, representa não só a si mesma, como a um conjunto de mulheres negras que a antecederam e a sucedem, na vida e na literatura. Um elo de força e sentimentos contemplado em *Insubmissas lágrimas de mulheres* (2016). Yasmin, sentindo-se tributária dessas águas, também cumpre seu destino.

Joselia Aguiar
Organizadora da coleção

1. FIOS DE FERRO

ESTOU LIGADA A CONCEIÇÃO EVARISTO pelo encantamento – estético, político, da ordem do mistério
e do afeto. Aproximo-me dela há uma década, primeiro como leitora, depois como observadora, ouvinte,
aluna. Estive nos mesmos debates e lançamentos de
livros, festas literárias, desfiles em escola de samba,
passeatas políticas. Até finalmente ser recebida em
sua casa, eu a acompanhei a distância durante dois
anos, ainda que ela tivesse consciência deste projeto. Talvez isso tenha me permitido a audácia de
confrontá-la com os segredos que guardam sua intimidade. Ainda nem completei 30 anos e escrevo

17

estas linhas sobre uma senhora que se aproxima da casa dos 80. Conceição tem idade para ser minha avó, minha mãe, minha irmã e minha filha neste nosso tempo espiralar.

Sou da geração que colhe os frutos das sementes plantadas ainda em solo árido pela ancestral Carolina Maria de Jesus; Conceição Evaristo cuidou da flor ainda em botão, banhou-a com água fresca e adubou sua terra. Talvez se possa pensar neste ensaio no que tem de tentativa, para sempre incompleta, de fotografar a imperfeita multiplicidade de Conceição – e esse barro invisível que nos une e nos molda à sua maneira.

Quando a vi pela primeira vez, era 1º de junho de 2019. Em carne, lágrimas e osso. Como o fluxo de um rio, Conceição chegava de forma sorrateira, num passo lento, mas constante. Estava com os cachos grisalhos soltos na altura da nuca, um macacão saruel longo num tom amarronzado de rosa sob um quimono amarelo com estampa floral. Na orelha esquerda, pendia um brinco de resina branco com a comprida gota, que contrastava com o pequenino acessório do lado direito, um ponto de luz. Ao ser apresentada pela professora Fernanda Felisberto, subiu ao palco do auditório do MAR (Museu de Arte do Rio) apoiando o caminhar nos braços de Ludmilla Lis, professora e amiga de longa data.

FIOS DE FERRO

O encontro encerrou o módulo dedicado a Conceição no seminário sobre mulheres nas artes, primeiro evento do tipo organizado pela instituição e que também se debruçou sobre o trabalho das artistas Anna Bella Geiger e Anna Maria Maiolino. As três homenageadas, unidas pelo viés político de suas obras, se distinguem no percurso artístico. Dentre elas, Conceição era a única negra.

Essa mulher que escreve desde a infância só começou a publicar quando o circuito de editoras negras independentes se fortaleceu. Estreou na década de 1990, ao publicar alguns poemas e contos nos *Cadernos negros*, do coletivo Quilombhoje. Só aos 57 anos lançou seu primeiro livro, *Ponciá Vicêncio* (2003). Já havia chegado à terceira idade quando o restante de sua obra veio a público: *Becos da memória* (2006), *Poemas da recordação e outros movimentos* (2008), *Insubmissas lágrimas de mulheres* (2011), *Olhos d'água* (2014), *Histórias de leves enganos e parecenças* (2016), *Canção para ninar menino grande* (2018) e *Macabéa: Flor de Mulungu* (2023). A partir do fim da década de 2010, passou a ser vista como uma das mais influentes literatas do movimento pós-modernista no Brasil. Em 2022, tomou posse como titular da prestigiosa Cátedra Olavo Setubal de Arte, Cultura e Ciência da Universidade de São Paulo. Foi eleita imortal pela

Academia Mineira de Letras em 2024, e em 2023 pela recente Academia Brasileira de Cultura, criada em 2021. Doutora em Literatura Comparada, inaugurou, com recursos próprios, um espaço que pretende ser um ponto de referência para pesquisadores de literatura negro-brasileira, a Casa Escrevivência. O nome não é trivial: retoma o conceito, concebido por ela, de um método de criação marcadamente afrodiaspórico. O reconhecimento de Conceição não é só da crítica como também do público, que a trata como uma espécie de popstar. Por onde passa, arrasta multidões; seu catálogo se aproxima da marca de um milhão de exemplares vendidos e foi traduzido para diversas línguas, como árabe, eslovaco, sueco, espanhol, inglês, francês e italiano. Não há exagero em afirmar que ela é uma das responsáveis pela devida atenção que o mercado editorial brasileiro passou a dar à autoria negra. Todas nós somos, direta ou indiretamente, tributárias de suas águas.

Aberto ao público geral, o evento no MAR fez com que o auditório do museu se pintasse com novas tintas, com assentos tomados por gente de todas as idades e origens, sobretudo mulheres negras. Eu era e sou uma delas. Ainda me vejo naquele mesmo auditório diante de algo que não sei nomear. Trazia debaixo do braço as anotações do seminário e um exemplar surrado de *Olhos d'água*, livro passado de mão em mão, dividido com amigas-irmãs, que, por falta de dinheiro ou desencanto pela literatura brasileira, dividiram aquelas páginas comigo. É feitiço que afasta o banzo. Abracei aquelas páginas como se ainda pudesse abraçar a avó que perdi aos 12 anos, como se elas, e só elas, pudessem calar minha solidão.

EM 1922, NASCEM duas mulheres importantíssimas em nossa – minha e de Conceição – formação: Joana Josefina Evaristo, sua mãe, e Alayde dos Santos, minha avó. Lavadeiras, as duas nasceram 34 anos após a assinatura da Lei Áurea. Joana, nas roças de Minas Gerais; Alayde, nas do Espírito Santo. Permitam-me primeiro apresentar a minha avó para que entendam do que sou constituída e como a minha história, e a de tantas meninas negras por aí, se une à de Conceição. Este livro é também sobre a *nossa* escrevivência.

A Fazenda das Flores, onde minha avó trabalhou durante a infância, exibia uma antiga senzala. Ainda menina, foi concedida a ela a benesse de estudar com os filhos dos patrões, mas mal se sentava na carteira e já ouvia gritarem seu nome na Casa-Grande – o conhecimento torna uma criança inadequada para a escravidão.[1] Alayde nunca aprendeu a ler, escrevia

---

1 Frederick Douglass *apud* Angela Davis, *Mulheres, raça e classe*, 2016, p. 108.

apenas o próprio nome e, aos 88 anos, ainda buscava na memória uma cantiga sobre o abecedário. Criança, tinha hábitos de gente grande: começou a fumar aos seis ou oito anos e só parou perto dos 70, após contrair um enfisema pulmonar. Gostava de tomar banho de rio. Sentia a correnteza puxando seu corpo e apoiava os braços em um tronco de árvore. Sentia-se em paz.

Não teve quase nenhum contato com a mãe, que adoeceu e morreu logo depois do parto. Do pai, sabia pouco. Nasceu tão pequena que cabia em uma caixa de sapato. Foi criada por um tio, indígena não aldeado, que usava a caixinha para transportar a sobrinha de casa até a lavoura. Enquanto trabalhava, ficava de olho na bebê. Rogava aos céus que a criança não chorasse, que não atrapalhasse a lida. A mata ninava o sono de Alayde. O leite materno era dado a ela pelas tetas de uma cabra. Em casa, o tio passava os olhos na menina enquanto fumava um cachimbo.

Cultivou cabelos longos, na altura da cintura, por toda a juventude. Seus fios eram densos, lisos, com uma curvatura levemente ondulada. A pele marrom, de tom avermelhado, marcava sua ascendência tanto indígena como africana. Contava histórias de uma avó escravizada, parteira da região e que lhe ensinou o valor da liberdade. As tarefas domésticas foram sua forma de sustento durante a vida inteira: lavava, passava, costurava, limpava; muitas vezes, em troca de alimento ou de um teto para morar. Na roça, devia eterna gratidão aos patrões, de quem sabia histórias terríveis – como quando a sinhá enfiou uma colher de óleo fervente na boca de um recém-nascido; matava crianças mestiças para se vingar do adultério do marido branco.

Alayde deixou a fazenda perto da idade adulta, quando se casou pela primeira vez e deu à luz três filhos, dos quais, ao longo dos anos, foi apartada pela morte. Despediu-se silenciosa e sutilmente da prole, enquanto via o próprio corpo ser tomado por hematomas: com socos e chutes, o marido alcoólatra descontava os desgostos da vida na esposa. Foi também para pôr um fim na relação que migrou para o Rio de Janeiro com o único filho sobrevivente, Manoel.

Na Baixada Fluminense, conheceu e se casou informalmente com Arlindo Moreira, migrante oriundo das roças de Minas Gerais. O casal teve quatro filhos – Ney, Leandro, Maria Regina e Maria Eugênia – e se inscreveu em um programa do governo que subsidiaria parte da compra de uma casa no conjunto habitacional Jardim Palmares, na Zona Oeste da capital. A região, ainda rural, era chamada de sertão carioca.

Mudaram-se para o bairro em 1967, quando minha mãe, a caçula, tinha dois anos. A oferta de ônibus era quase nula, e meu avô, que trabalhava como contínuo no centro da cidade, caminhava meia hora até conseguir uma kombi que o deixasse na estação de trem mais próxima. Na casa nova, Alayde e Arlindo cuidavam para que os filhos não soubessem o que era a fome. Todos frequentaram escolas públicas e concluíram o ensino médio, um orgulho que não cabia no peito daquele casal de analfabetos que, durante toda a vida, se orgulhava de expor na estante de casa as enciclopédias e os livros escolares dos filhos.

Meu tio Ney foi além: num intervalo de três décadas, formou-se técnico em Eletrônica, licenciou-se em História, é mestre e doutor na área. Sua primeira aluna foi minha mãe, Maria Eugênia, a quem ensinava as tarefas da escola e com quem tomou gosto pelo magistério. Em Campo Grande, bairro vizinho, criou um cursinho popular no qual deu aula para mim, meu irmão e a maioria dos meus primos.

Meus pais se conheceram pelas ruas de Jardim Palmares. Trajetórias semelhantes e distintas. Manoel Gomes Pinto e Conceição do Couto Pinto, meus avós paternos, viviam na Vila Ieda, em Campo Grande, onde criaram seus cinco filhos – Adelson, Ademir, Adilson, Almir e Aurelina. No fim da década de 1970,

Conceição faleceu por insuficiência cardíaca. Adilson, meu pai, muito apegado à mãe e então com 21 anos, não suportou a perda. Mudou-se para Jardim Palmares e passou a morar na casa de Diamantino, tio paterno, que era casado com Maria de Lourdes. O contato diário com os primos fez com que Adilson crescesse com um senso ampliado de família. Aquele quintal com galinhas, patos e gansos também era morada de espíritos encantados, que vinham ao barracão sob o comando de Lourdes. Nos dias de gira, Adilson louvava os erês e os pretos velhos, a quem sempre destinava oferendas. Esse novo seio familiar foi o que o sustentou quando o coração de Seu Mané, como meu avô era conhecido, parou de bater durante o sono. Meu pai ficou órfão antes de completar 30 anos.

Enquanto Adilson começou a trabalhar no centro da cidade aos 14 anos, minha mãe, a caçula, usufruía do privilégio, único entre os irmãos, de só começar a trabalhar formalmente depois de concluir o ensino médio. Meus avós paternos tinham profunda admiração por Getúlio Vargas. Meu pai, que nasceu no ano seguinte ao suicídio do presidente, tinha horror à figura dele. O Pai dos Pobres não foi capaz de lhes afastar da pobreza. A água que meu pai hoje insiste em desperdiçar compensa a infância sem água encanada, carregando lata de água na cabeça. Coube a ele admirar outro ditador: João Figueiredo. Tenho minhas dúvidas se pelo governo em si ou se pelo momento familiar, em que a fome parecia assombrar cada vez menos.

Adilson e Maria Eugênia se casaram em 1989 e foram morar na Vila Ieda, no quintal, até conseguirem comprar a casa própria com o FGTS – trabalhavam como auxiliares administrativos, escondidos nos almoxarifados das empresas, ou como vigilantes em postos de saúde. Em meados dos anos 1990, encontraram uma casa de dois quartos, na rua perpendicular à de meus avós maternos, e retornaram ao bairro onde tudo começou. Cresci nesse pequeno perímetro, às margens da Avenida Brasil.

Sou um ponto fora da curva na minha família. Em vez das escolas públicas que meu irmão frequentou, estudei em colégios particulares. As mensalidades eram custeadas pelos meus padrinhos, Marilza e Paulo César, uma bacharel em Direito e um gari, que se casaram próximo aos 40 anos e optaram por não ter filhos. Até hoje me pego pensando no que fez aquele casal abrir mão de parte considerável do seu ordenado em prol do meu ensino. As respostas estão nas páginas do romance *Água de barrela*, em que Eliana Alves Cruz narra a história de uma família negra que, nas mais adversas condições, tomou a educação como um projeto familiar. Todo bimestre levava o meu boletim para os meus padrinhos. As notas boas compunham o almoço de domingo – um rito que me ensinava o ideal de coletividade. Àquela mesa, celebramos, com cerveja, pagode e churrasco, a esperança.

ESCREVO DESDE QUE me entendo por gente. Na infância, minha família via com grande admiração e certo estranhamento esse apreço pela escrita. Meus pais bem sabiam como me exibir como troféu, mas podia ver no fundo de seus olhos o medo de que estivessem me nutrindo com sonhos demais. Nunca pediram que eu seguisse nenhuma profissão, apenas que eu estudasse. Eu me lembro de minha mãe me pegando pelo braço e dizendo, em tom de súplica, que eu devia ter ambição na vida. Durante grande parte da minha infância, quis ser professora de Matemática – sonho que só abandonei quando, nas equações aritméticas, as letras passaram a disputar espaço com os números. Lia tanto os meus poucos livros infantis que sabia declamar histórias de cor. Inventava narrativas engraçadas e bondosas com o mundo e, principalmente, comigo mesma. Eu me vejo encarnada em Maria-Nova, menina que guia o romance *Becos da memória*: para ela, decodificar o universo das palavras é uma forma de suportar o mundo; um modo de fugir e de se inserir no espaço.

Minha adolescência, um período confuso por si só, foi assombrada por uma melancolia constante: a perda da minha avó em 10 de dezembro de 2010. Na antevéspera, havia sido o Dia de Nossa Senhora da Imaculada Conceição, de quem minha avó era devota. Ao se dar conta da data, confidenciou à minha mãe o desejo de que a santa viesse buscá-la.

Quando partiu, fazia ainda pouco tempo que eu havia me tornado sua "enfermeirinha", cuidava de seus remédios, aferia a pressão arterial, preparava a nebulização, servia sua janta, fazia seu café com leite. Passava as manhãs na escola, almoçava em casa, e os fins de tarde e noite eram todos da minha avó. Entre os meus nove e doze anos, era eu quem velava seu sono. Três anos que, para uma criança, definem uma vida.

"TALVEZ A MEMÓRIA SEJA um exercício poético", Conceição Evaristo me disse quatro anos depois daquele primeiro encontro, no início de uma conversa que se estenderia por horas. Era 16 de novembro de 2023, uma quinta-feira. O anoitecer já havia abrandado a temperatura – que chegou a bater 40ºC na capital fluminense –, mas não espantava o calor. Conceição e eu tomamos o cuidado de nos manter na reta do ventilador enquanto falávamos e escutávamos uma à outra por videochamada. Eu, cá do Rio, e ela, lá de Maricá, na Grande Niterói.

"Não vou conseguir dar um depoimento, uma coisa seca sobre mim mesma", ela me respondeu com olhos preocupados, tendo o cuidado de me alertar antes de lançar um feitiço. "Falar da minha origem, da minha família, da favela, coisas que inspiram minha criação literária, faz com que eu navegue pela ficção. Trazer à memória é fazer ficção." Respondi que a autoficção é inevitável. Ela, aliviada, sorriu e ajeitou os óculos: "Está certo. Então posso ficar bem à vontade. Vamos do princípio. Quero te contar uma história que a minha mãe me contava."

JOANA JOSEFINA TINHA um ferro à brasa sob as mãos. Já era tarde da noite na Favela Pindura Saia, em Belo Horizonte. O calor, provocado pelo clima e pela gravidez avançada, fazia brotar gotas de suor por seu corpo. Passava as roupas, asseadas durante o dia, com esmero. Não havia nem um resquício sequer de sangue naquelas calças ou minúsculas toalhas enviadas pelas madames. Joana tampouco era mãe de primeira viagem; Maria Inês havia se despedido de seu ventre há exatos nove meses. Por isso, quando sentiu as primeiras dores, no virar da madrugada de 29 de novembro de 1946, soube a exata hora de partir rumo à maternidade.

Chovia muito. Da casa, no alto do morro, via as águas seguirem seu curso como numa enxurrada. Joana era toda medo: a bebê provavelmente morreria se teimasse em nascer, só, no breu da favela. Ela bateu à porta da vizinha, sua irmã mais velha, Maria Filomena da Silva, e lhe pediu que passasse os olhos em Maria Inês. Dali à próxima hora, seguiria a pé, sozinha, até a Santa Casa de Misericórdia de Belo Horizonte, onde Maria da Conceição Evaristo viria ao mundo. Sexo: Feminino. Cor: Parda. Era o que trazia a certidão de nascimento.[2]

A bebê foi batizada, como mandam os ritos católicos, em 8 de dezembro de 1946, dia em que se celebra Nossa Senhora da Imaculada Conceição – santa sincretizada com as águas que, a depender da localidade, podem ser tanto de Oxum como de Iemanjá.

JOANA JOSEFINA EVARISTO nasceu no dia 23 de outubro de 1922, no interior de Minas Gerais, numa cidadezinha chamada Serra do Cipó. Seus pais, Lidumira de Miranda Pimentel e Luiz Floriano, provavelmente foram filhos do "Ventre Livre", lei

---

2 Conceição Evaristo, I Colóquio de Escritoras Mineiras, 2009.

promulgada em 1871, considerando livres os filhos de mulheres escravizadas nascidos desde então.[3] O mais longe que se pode ir em sua linhagem termina em Saíta, sua avó materna; diziam ser "uma índia que alguém tinha apanhado a laço". "Essa história de violação das mulheres indígenas", comentou Conceição.[4]

Serra do Cipó está localizada perto de Pedro Leopoldo, cidade vizinha ao Aeroporto Internacional de Confins, em Minas Gerais. No tempo em que Joana era menina, Serra do Cipó era tudo roça. Quase todos os fazendeiros eram de mediana riqueza, havia um pequeno comércio e uma população muito pobre, marcada pelos efeitos ainda presentes da escravização. A casa onde Joana morava com os pais e os irmãos era de pau a pique. A cama era um jirau coberto por capim. Nunca se cobriam com cobertores, e sim tecidos que viam apenas estendidos no terreiro quando Lidumira trocava a lavagem e o tingimento do item por restos de fubá e açúcar, pé, orelha, rabo ou focinho de porco.

A única peça de roupa da menina era um camisolão com decote bordado em linha vermelha, presente da madrinha para seu batizado; de modo que, salvo

---

3 Conceição Evaristo, "Gente boa", 2021.
4 Helton Simões Gomes, "Origens: Conceição Evaristo", 2021.

em ocasiões especiais, as crianças andavam nuas pelo quintal. Nos primeiros sinais da puberdade, Joana e as irmãs se vestiam com as poucas saias rodadas de Lidumira, que, por serem tão grandes e largas, muitas vezes eram usadas como vestido.

"Eu penso que eu e meus irmãos fomos criados quase igual índio. Vivíamos nús até grandinhos, fomos catequizados por missionários", rememorou Joana, décadas depois, em seu caderno.[5] A igreja de Serra do Cipó era uma capelinha sem padre fixo, dependia de missionários que vez ou outra passavam por lá para celebrar batizados e casamentos; seu terreno era mais usado como uma escola, liderada por Filomena Ismene de Assunção, a dona Filó. Joana frequentou a escola por cerca de quatro meses, aprendendo o abecedário, a contar e a formar as primeiras sílabas, até a família se mudar para outra região. "O pouco que eu sei aprendi em casa com meus irmãos", lembrou.

Contudo, é com carinho que a senhora-menina se lembra de quando a professora surgia na sala com um pequeno quadro permeado por bolas coloridas. A régua guiava a contagem dos alunos: um, dois, três, quatro... Joana mal conseguia ouvir o que dona Filó

---

5 Conceição Evaristo, *Ocupação Conceição Evaristo* [exposição], 2017c.

dizia de tão vidrada que ficava com as bolinhas. Cá consigo, se perguntava como era possível tamanha infinidade de cores.

MÃE SOLO, O ÚNICO apoio de Joana para criar suas quatro Marias – Inês, da Conceição (Preta), Angélica (Deca) e de Lourdes (Nui) – vinha de sua irmã, Maria Filomena, a Lia. Dos progenitores das meninas se sabe muito pouco, sumiam antes mesmo de saber da gravidez, memórias que a dor calada de dona Joana quis apagar.

José era o nome do pai de Conceição, registro mantido na memória que não consta em sua certidão de nascimento. O sobrenome foi esquecido, e, da única vez que a menina viu o avô paterno, guardou apenas o ofício: era um homem que consertava sombrinhas.[6]

Conceição foi apelidada pela família de "brigadeira" por causa da profusão de confusões que arranjava na infância. Quando Joana pegava as crias se atracando, ameaçava cortar um pedaço de vara de pau. As crianças paravam até se desentenderem de novo, uma espiral que testava a paciência da mãe. Quando não tinha mais jeito, Conceição saía correndo rumo

---

6 Helton Simões Gomes, "Origens: Conceição Evaristo", 2021.

à casa de tia Lia. Da porta, Joana pedia aos berros que a filha voltasse para casa, ia apanhar junto às irmãs. "Eram uns tapinhas de nada, não era muita coisa, não, entende?", recorda Conceição. "Só que a minha mãe não entrava na casa da minha tia. Era engraçado que elas tinham – e eu conservo isso delas – um cuidado muito grande em cada uma preservar a sua intimidade, o seu espaço."

Tia Lia era casada com Antonio João da Silva, o tio Totó, viúvo de outros dois casamentos. Ela, lavadeira; ele, pedreiro. Não tiveram filhos, e a menor quantidade de bocas para alimentar lhes permitia uma vida de menor miséria: lá, sempre sobrava um pedaço de pão ou um bocado de farinha. O entra e sai de Conceição passou a indispor a intimidade de Joana e Filomena, e a tia lhe deu um ultimato. "Quando eu fizer *tchetche ano*", respondeu a menina brigadeira, contraindo as sílabas do algarismo por conta de sua dislalia infantil, "eu vou pra sua casa e não vou sair mais".

Até Conceição completar sete anos, muitas águas rolariam. Joana ganhou mais um sobrenome ao se casar com Aníbal Vitorino e, com ele, teve outros cinco filhos, todos homens: Ademir, Aldair (Cailo), Almir, Altair (Zinho) e Altamir (Tami). Ao todo, Joana tinha nove filhos para criar e alimentar. "Isso para mim foi muito doloroso na infância", conta-me Conceição, "eu fui morar com a minha tia na certeza de que sobraria um prato de comida na casa da minha mãe. Seria uma boca a menos para ela alimentar". Altair, irmão de Conceição, ria ao se lembrar das comidas que ela fazia passar por debaixo da cerca que dividia as duas casas: "Por ter uma condição de vida melhor, às vezes tinha lá um bolo e Conceição conseguia trazer um pouquinho pra gente."[7]

Não havia luxos no lar de Lia e Totó, mas o básico não faltava. Tinha café, almoço e jantar. Quando recebia seu salário mínimo, o tio ia ao centro da cidade e comprava carne para a semana inteira. No quintal do casal, havia ainda alguns porcos, e era uma fartura quando matavam um. Os pedaços eram cozidos e armazenados em potes cheios de banha para que pudessem durar meses. Essa era uma das poucas formas de conservar o alimento numa época em que geladeira era um artigo irreal – não havia sequer uma única casa no Pindura Saia que tivesse o eletrodoméstico nos idos dos anos 1950. A título de comparação, enquanto mais de 80% dos lares estadunidenses já contavam com um refrigerador cinco anos após o fim da Segunda Guerra Mundial, o Brasil só conseguiu atingir o mesmo percentual em 1997.[8]

7 Conceição Evaristo, *op. cit.*, 2017c.
8 "Não existiria o século 20 sem... a geladeira", *Folha de S.Paulo*, 29 jul. 1999.

Morar com os tios deu a Conceição a oportunidade de se dedicar aos estudos. Tinha um quarto só seu, onde ficava quietinha, lendo e escrevendo – com o tempo, sua mesinha passou a acumular uma pequena pilha de diários e cadernos. As três irmãs de Conceição, no entanto, não tiveram escolha. Conheceram o trabalho doméstico muito novas. "Eu trabalhei em casas de família – quer dizer, todas as casas são de família, né?", diz, com um sorriso irônico. "Mas eu trabalhava em empregos domésticos em períodos curtos, já elas eram contínuas, dormiam no emprego."

Mãe lavadeira, tia lavadeira, ambas eficientes em todos os ramos dos serviços domésticos. Cozinhar, arrumar, passar, cuidar de crianças. Também Conceição, desde menina, aprendeu a arte de cuidar do corpo do outro. Aos oito anos surgiu seu primeiro emprego doméstico, e, ao longo do tempo, outros foram acontecendo. Sua passagem pelas casas das patroas era alternada com outras atividades, como levar crianças vizinhas para a escola, já que ela levava os irmãos. O mesmo acontecia com as lições escolares. Ao assistir os meninos de sua casa, estendia a assistência às crianças da favela, o que lhe rendia também uns trocadinhos. Além disso, participava com Joana e Lia da lavagem, do apanhar e do entregar trouxas de roupas na casa das patroas. Trocava também horas de tarefas domésticas na casa de professores por aulas particulares, por maior atenção na escola e principalmente pela possibilidade de ganhar livros, sempre didáticos, para si e para seus irmãos e irmãs.

Numa foto de 1973, Conceição posa de braços dados com a mãe Joana, à sua direita, e a tia Lia, à sua esquerda. Enquanto a jovem ostenta um frondoso *black power*, suas ancestrais guardam os cabelos por baixo do lenço. Olho demoradamente para o registro. É possível ver tanto nos traços de Conceição – rosto oval, olhos amendoados, nariz redondo e boca carnuda – como em sua postura, altiva e ressabiada, uma perfeita mistura de suas duas matriarcas.

JOANA ENSINOU A CONCEIÇÃO o valor da palavra; ensinamento este demarcado no poema intitulado "De mãe": "e me ensinou, insisto, foi ela,/ a fazer da palavra artifício/ arte e ofício do meu canto,/ da minha fala."[9] Uma aposta que refletia um encantamento pessoal de Joana pelas letras e pelo universo ficcional. "Eu tinha muita vontade de aprender [a ler]", rememora em seu diário, décadas depois de os

---

9 Conceição Evaristo, *Poemas da recordação e outros movimentos*, 2017b, p. 79.

filhos terem alcançado a maioridade. "E pensava, se Deus quiser eu ainda vou aprender a ler para eu ler muitas histórias."

Mulher prenhe de dizeres, não se contentou em matricular os nove filhos nas escolas localizadas a poucos minutos de casa, a Augusto de Lima e a Antônio Carlos. Sabia-se que os colégios públicos localizados próximo às favelas tinham um ensino diferenciado para pior. Optou por atravessar o bairro rumo ao Jardim de Infância Bueno Brandão e ao Grupo Escolar Barão do Rio Branco, dedicado ao primário, a primeira metade do atual ensino fundamental; ambos eram conhecidos por serem as melhores escolas de Belo Horizonte. O trajeto entre a favela, localizada no hoje bairro de Cruzeiros, e os colégios, em Funcionários, bairro de classe média alta, levava mais de meia hora a pé.

O esmero em sempre acompanhar as crianças até a escola chamou a atenção de outras mães da favela, que passaram a lhe pedir que levasse os filhos para as escolas do entorno por uns trocados – "essas mães deviam pagar pouquinho, mas pagavam", lembra Conceição. De segunda a sexta-feira, um apinhado de crianças, divididas em pares, desciam o morro de mãos dadas sob a condução de Joana Josefina.

Não tardou até lhe oferecerem uma vaga de servente na Bueno Brandão, sem precisar abrir mão do serviço de "condutora" que exercia. Agradecida ficou, mas preferiu negar a proposta. Se trabalhasse o dia inteiro na escola, precisaria deixar os filhos, principalmente as meninas, sozinhos em casa. Tinha medo de que sofressem violência sexual ou de que "se perdessem", eufemismo da época para prostituição. Quando me narra o episódio, Conceição se pega pensando no que poderia ter acontecido de diferente. "Se ela tivesse aceitado, seria um emprego fixo. A gente seria pobre, mas não seríamos miseráveis igual a gente vivia", diz. Conceição ainda não conseguia relacionar o temor da mãe a algo muito maior que dona Joana. Havia marcas indeléveis no corpo de suas ancestrais diretas. A rotina de tronco, açoite e estupro sustentava a escravização.[10]

Foram as mãos lavadeiras de Joana, acostumada a riscar sóis ao chão, que guiaram os dedos de Conceição no exercício de copiar o próprio nome, as letras do alfabeto, as sílabas, os números, difíceis deveres de casa para crianças oriundas de famílias semianalfabetas. Foram as mãos de Joana, que folheavam revistas velhas, jornais e poucos livros recolhidos dos lixos e recebidos na casa das patroas, que aguçaram e mantiveram viva a curiosidade de Conceição para a

---

10 Angela Davis, *op. cit.*

leitura e a escrita. Mãos lavadeiras que pacientemente costuravam cadernos feitos com papéis de pão e que evidenciavam a riqueza do cuidado e a pobreza material dos Evaristo numa escola que recebia a classe média belorizontina.

A IMAGEM MATERNA É, provavelmente, o mais poderoso e universal dos arquétipos; é o primeiro ser feminino com o qual o ser humano tem contato. A relação com a mãe funda e modela nosso barro emocional, a terra da qual tiramos o molde de nossos relacionamentos. Dos papéis femininos, é provavelmente a maternidade que sofreu sempre maior pressão no sentido de manter uma imagem idealizada de mulher, relacionando-a ora à própria natureza, num determinismo redutor, ora ao sagrado ocidental, impondo-lhe o sobrenatural.[11]

Existem muitas formas de maternar. Há um par de séculos, exercer a maternidade constituía em relegar o cuidado da prole branca a amas de leite e babás negras que, supunha-se, eram capazes de amar mais os filhos de seus escravizadores do que os próprios.[12] Muitas das personagens negras presentes em obras clássicas

---

11 Vania Maria Ferreira Vasconcelos, "Rosário de mulher", 2010.
12 Henry Louis Gates Jr., *Caixa-preta*, 2024.

da literatura brasileira são exemplos de como a arte não deixou de reforçar estereótipos ocidentais de inferioridade e animalidade de nós, pessoas negras, afro-brasileiras.[13] Figuras como a protagonista de *A escrava Isaura* (1875), de Bernardo Guimarães, ou as personagens Rita Baiana e Bertoleza de *O cortiço* (1890), de Aluísio Azevedo, não só carregam traços estereotipados, mas também trazem a marca da esterilidade. Nenhuma delas vive a experiência de ser mãe. "A minha pergunta tem sido esta: quando a literatura brasileira é incapaz de ficcionalizar a mulher negra como mãe, no nível do inconsciente, no nível do recalcado, não estaria a literatura negando uma matriz africana na sociedade brasileira?", questiona Conceição.[14]

A maternidade negra está na gênese de sua criação literária. Na contramão do cânone, Conceição restitui às mulheres negras o direito à maternidade, com todas suas complexidades e imperfeições – assim como no maternar de dona Joana, que, apesar da miséria material e da posição de suposta inferioridade ante às patroas, não abria mão de ir aos céus buscar pedaços

---

13   Islene Motta de Oliveira, "Fértil literatura", 2017.

14   Conceição Evaristo, "Mês da Consciência Negra - Imagem da Palavra - Parte 1" [vídeo], 2012.

de nuvens para adoçar a imaginação e as bocas famintas de seus nove filhos.

A imagem de sua mãe, que se agachava perto do rio e desenhava o sol para que ele existisse e as roupas secassem, deu à menina o sentido da invenção, da superação e da realidade transformada pelo risco em chão de areia. Depois, vieram as muitas mulheres, parentes e vizinhas, nas histórias da resistência, da dor, da alegria e da invenção: "Como ouvi conversas de mulheres!", escreve. "Falar e ouvir entre nós era talvez a única defesa, o único remédio que possuíamos. Venho de uma família em que as mulheres, mesmo não estando totalmente livres de uma dominação machista, primeiro a dos patrões, depois a dos homens seus familiares, raramente se permitiam fragilizar."[15]

Em *Becos da memória*, há uma profusão de vozes de mulheres-mães da favela. Vó Rita é a mãe velha, semelhante a Iemanjá, senhora de autoridade tipicamente maternal, que era obedecida e respeitada pela fala e pelas ações; que socorria os que eram abandonados e dissolvia atritos; aquela que transforma habilidade aprendida na experiência em solução improvisada; é dela a mão que, na falta de assistência

---

15 Idem, *Da grafia-desenho de minha mãe*, 2005.

pública, guia os partos na favela. Trágico é o destino de Tetê do Mané, mãe de Nazinha, que vende a filha na esperança de salvar a si, o filho doente e, na sua visão distorcida pela ignorância e miséria, a própria menina da pobreza. Já a situação de outra personagem – Custódia – denuncia a tensão de classe e a situação de gênero. Cheia de filhos, vivendo com o marido alcoólatra e a sogra que não tolerava novas crianças a agravar a miséria, é surrada pela sogra até abortar.

Em um só livro, Conceição constrói situações que revelam a complexidade da experiência materna dentro de uma realidade social precária, construindo retratos de conotação social, política e de gênero, afastando-se do padrão idealizado e enquadrando-se esteticamente na contemporaneidade. Um rosário de mulheres, que se irmanam numa compreensão profunda do que são, trocando experiência, afeto e proteção. Essas mulheres não têm a leveza ou a sacralidade das mães construídas pela imaginação branca e masculina; ao contrário, estão quase sempre envolvidas em lida, sangue e lágrimas, e, talvez por isso mesmo, conseguem partilhar força, ternura e experiência entre gerações.

* * *

A CHEGADA DO PADRASTO não conseguia suavizar o vazio paterno que rondava Conceição, de modo que dona Joana se tornou objeto de sua devoção. "Minha mãe se constituiu, para mim, como algo mais doce de minha infância. O que mais me importava era a sua felicidade", escreveu Conceição em 2009.[16] "Um misto de desespero, culpa e impotência me assaltava quando eu percebia os sofrimentos dela."

Para lidar com uma vida costurada a fios de ferro, dona Joana chorava. De seus olhos escorriam rios caudalosos, águas correntezas que impediam que a filha identificasse a cor da íris de seus olhos. Chorava a fome, o frio, a solidão afetivo-sexual, o desespero e a desesperança. A filha se punha diante da mãe e tentava alcançar seus muitos mistérios. De que cor seriam aqueles olhos d'água?

"Vi só lágrimas e lágrimas. Entretanto, ela sorria feliz", escreve Conceição no conto inspirado duplamente em sua mãe – Joana, matriarca carnal, e Oxum, dona de seu Ori.[17] "Minha mãe trazia, serenamente em si, águas correntezas. Por isso, prantos e prantos

---

16 Conceição Evaristo, *op. cit.*, 2009.
17 O conto "Olhos d'água" foi publicado pela primeira vez na coletânea dos *Cadernos negros* de 2005; posteriormente integra e nomeia a coletânea individual da autora.

a enfeitar o seu rosto. A cor dos olhos de minha mãe era cor de olhos d'água. Águas de Mamãe Oxum! Rios calmos, mas profundos e enganosos para quem contempla a vida apenas pela superfície. Sim, águas de Mamãe Oxum. Abracei a mãe, encostei meu rosto no dela e pedi proteção. Senti as lágrimas delas se misturarem às minhas."

"COMO EU DIZIA, Mamãe, íntima de todas as dobras da vida, também se mostrou assustada com a brutalidade da chuva que viria agredir a terra. Fiquei observando os modos dela", diz "Sabela", novela de Conceição cuja personagem homônima encarna o corpo da mulher negra em diáspora.[18] "Via pedaços de medo em sua face, mas que logo desapareciam e o rosto dela ganhava o ar tranquilo, de quem tem plena convivência com os profundos segredos da vida e da morte."[19]

Joana Josefina Evaristo Vitorino partiu em silêncio, preservando a intimidade de seus segredos, no dia 20 de outubro de 2021, às vésperas de completar

---

18 Denise Carrascosa, "*Sabela* e um ensaio afrofilosófico escrevivente e ubuntuísta", 2020.
19 Conceição Evaristo, *Histórias de leves enganos e parecenças*, 2016a, p. 62.

99 anos. Passou os últimos dias em casa, acompanhada de filhos e netos. Falar lhe custava muito, já não conseguia transformar sons em palavras, porém sempre mostrava lentamente o terço que trazia nas mãos. "Tenho os olhos d'água", escreveu Conceição em novembro daquele ano para a revista literária *Quatro Cinco Um*,[20] "entretanto bendigo a vida pelo tempo que nos permitiu tanto viver". Conceição Evaristo ficou órfã aos quase 75 anos.

---

20 *Idem*, "Gente boa", 2021.

2. ÂNCORAS DOS NAVIOS

"NA ESCOLA, EU SABIA que queria alguma coisa. Eu só não sabia que coisa era o que eu queria", relembrou Conceição em 2019 ao revisitar o prédio da Barão do Rio Branco.[1] Usava um longo vestido preto com cobogós rosados e um colar de miçangas brancas quando se sentou no centro do pátio. Uma mecha de seus cabelos grisalhos estava presa por um grampo no canto direito de sua cabeça, permitindo que víssemos com ainda mais clareza o característico

---

1 Conceição Evaristo, "Conceição Evaristo - Trip Transformadores 2019" [vídeo], 2019.

brinco em formato de gota. Falava como se a menina que um dia foi ainda habitasse, de alguma forma, aquele espaço, com a calma e a tranquilidade de quem conseguiu se libertar daquele passado. Estava ali como escritora e professora. Com alunos sentados em um semicírculo, lia trechos de *Histórias de leves enganos e parecenças.*

Sua postura é diferente de outro vídeo, gravado dois anos antes, nos arredores do colégio.[2] Conceição, com um vestido azul de estampas geométricas e cabelo preso no topo da cabeça, não conseguiu entrar no prédio. O campus estava fechado para reformas. Cerca de mil alunos matriculados estavam instalados precariamente num anexo do Instituto de Educação, no centro de Belo Horizonte; os pais denunciavam as condições improvisadas e comparavam as salas de aula a "porões", pela falta de ventilação.[3] Tanto eles como a imprensa que noticiou o caso parecia ignorar que o prédio da histórica Escola Estadual Barão do Rio Branco utilizava os porões como sala de aula.

---

2 *Idem*, "Conceição aluna – Ocupação Conceição Evaristo (2017)" [vídeo], 2017.

3 Larissa Ricci, "Escola Barão do Rio Branco foi trocada por 'porão'", *Estado de Minas*, 9 jun. 2017.

No registro de 2017, Conceição circundava os muros descascados com o cenho franzido.

O SUNTUOSO PRÉDIO da Escola Estadual Barão do Rio Branco foi projetado em estilo neoclássico numa área de 4,6 mil metros quadrados. A construção de Jayme Salse e Mario Alves Ferreira se desenvolve em um pavimento único, porão alto e baldrame que acompanha o desnível da via. Foram dois anos de obras, entre 1911 e 1913, e mais um ano até a oficialização do espaço educacional, em junho de 1914. A instituição, criada para atender à demanda daqueles que construíram Belo Horizonte, foi a primeira escola da capital mineira. Nos últimos tempos, o prédio passou por uma série de reformas, mantendo intacta grande parte de suas características arquitetônicas originais e sendo tombado como um bem histórico pelo Iepha (Instituto Estadual do Patrimônio Histórico e Artístico) de Minas Gerais em 1988.

"Era tido como uma escola excelente, com professores bem preparados e abrigava alunos de todas as classes sociais, da favela à elite de Belo Horizonte", rememorou Frei Betto em 2012, quando se discutia a restauração do prédio. "Como todos usavam o mesmo uniforme, só notávamos a diferença na hora da merenda – os mais pobres iam para a cantina da escola e merendavam por conta do Estado, enquanto nós, de classe média e alta, levávamos a própria merenda."[4]

Na lista de ex-alunos notáveis, aparecem ainda personalidades como a estilista Zuzu Angel, o escritor Paulo Mendes Campos, a historiadora e professora Ana Maria Casasanta, o político Israel Pinheiro, responsável pela construção de Brasília, e o ex-ministro do Trabalho Octacílio Negrão de Lima. Chama a atenção uma ausência nesses compilados espalhados pela internet e divulgados pelo governo estadual: a de ilustres ex-alunos negros e/ou vindo de classes mais baixas, como Conceição Evaristo.

O CONTRASTE ENTRE o pavimento único e o porão se refletia no dia a dia dos alunos. No pavimento, ficavam as salas mais arejadas, com janelas grandes que davam para a rua. No porão, as salas menores, com pouca ventilação e entrada de luz natural. No topo, as crianças com alto rendimento escolar. Na base, aquelas que tinham problemas de aprendizagem, que repetiam de ano e que traziam na pele uma negra-cor. "Foi em uma ambiência escolar marcada por práticas pedagó-

---

4 Cristina Moreno de Castro, "[...] Frei Betto diz que Barão é cartão-postal de BH, como Pampulha", *G1*, 18 dez. 2012.

gicas excelentes para uns, e nefastas para outros, que descobri com mais intensidade a nossa condição de negros e pobres", lembrou Conceição. Para ela, havia um nítido "apartheid" entre negros e brancos, pobres e ricos, alunos supostamente ineptos e inteligentes. Nenhum aluno negro passa incólume ao racismo escolar brasileiro, mas nada se compara ao peso simbólico de separar crianças, sobretudo negras, num porão. Cabe um Atlântico nessa imagem. "Porões da escola, porões dos navios", resumiu Conceição em 2009.[5]

"Estive algumas vezes com Frei Betto, mas nunca tive a oportunidade de responder a essa fala dele", Conceição me conta, ao rememorar a entrevista do frade. "Cada lugar social que a gente experimenta nos dá uma visão. Se ele percebia a diferença só na hora da merenda, nós percebíamos o tempo inteiro. Talvez a hora da merenda tenha para nós um peso diferente, uma alegria; principalmente no dia que serviam pão com doce de leite."

As lembranças tristes e alegres da escola estão todas amalgamadas, permitindo que ela una no mesmo raciocínio os porões abafados ao sabor de um pão recheado com doce de leite – a glória era quando a merendeira, desatenta, permitia que ela comesse

---

5 Conceição Evaristo, I Colóquio de Escritoras Mineiras, 2009.

o terceiro pãozinho. O lanche tinha lugar cativo também para a personagem Maria-Nova, de *Becos da memória*: "Ao morder o pão, o doce chegava até a escorrer um pouco. [...] Ela comia o dela correndo e voltava para o final da fila."

A forma como as crianças se tratavam também não era trivial. Enquanto Conceição ia para a escola sem um tostão no bolso, na expectativa da merenda, havia quem carregasse um trocado para um bombom ou um sorvete. Esse era o caso de Célia, uma de suas colegas brancas. Quando batia a vontade de tomar um picolé, pedia a Conceição que se arriscasse para realizar seus desejos: a menina devia pular o muro da escola durante o recreio e ir andando até a antiga Padaria Savassi, que ficava a uma distância de duas quadras do colégio, na esquina da Avenida Cristóvão Colombo com a Rua Pernambuco. Lá, Conceição compraria um picolé Kibon para a colega e voltaria correndo para a escola. Percorreu o trajeto todo com água na boca só pensando em provar um Kibon. Ao entregar a encomenda à colega, ela não recebe outro picolé nem mesmo alguns trocados, e sim uma embalagem vazia. Sua recompensa era poder lamber o resto de sorvete derretido no papel.

* * *

ÂNCORAS DOS NAVIOS

CONCEIÇÃO DEIXA OS PORÕES da Rio Branco apenas na quarta série, depois de encerrar o terceiro ano de forma exemplar, com um rendimento acima da média. Dos quatro anos em que estudou na escola, três passou sonhando com o dia em que estudaria nas classes do andar superior. Espevitada que só ela, atraía a atenção por onde passava. Fazia questão de se apresentar nos eventos escolares, de participar dos concursos de redação e dos coros infantis; era uma menina "voluntariosa", como costumam dizer em Minas. "Lembro que eu gostava muito também de decorar os poemas e recitar", contou. Nos concursos de leitura, todas as classes da mesma série eram reunidas no pátio da escola, e lá era sorteado quem leria um texto. Como não dava para prever quem seria sorteada, Conceição ensaiava as leituras em casa, na expectativa de poder participar – o que de fato ocorreu algumas vezes. Foi quando começou a ser seduzida pela literatura.

O ensino religioso na Barão do Rio Branco era obrigatório na década de 1950 e se baseava nos livros do Monsenhor Álvaro Negromonte, de modo que a infância de Conceição foi marcada pelo catolicismo. Na escola, celebrou sua primeira eucaristia, numa época em que se guardava o costume do jejum absoluto desde a meia-noite anterior à comunhão. Como

Conceição havia jantado cedo na véspera, aguardava ansiosamente o corpo de Cristo, ou qualquer pedacinho que fosse de trigo em sua boca. Na foto que guarda do dia, aparece com véu, vestido, sapatos e luvas brancos e segura seu certificado, que anos depois se perderia entre uma mudança e outra; não vemos seu cabelo. O rosto denunciava a indisposição para o evento: "Olha a minha cara triste de fome, eu estava doida para tomar café", ri.

Estar nas salas de cima significava poder participar da Coroação de Nossa Senhora numa posição mais privilegiada – às crianças das classes inferiores era permitido, desde que ficassem o mais distante possível da santa e do altar. Lá na Barão do Rio Branco, a coroação acontecia em maio, mês tipicamente mariano, e reunia algo em torno de uma dezena de alunos, em sua maioria meninas. A celebração demonstra a grandiosidade da Grande Mãe para os fiéis católicos, apesar da simplicidade de sua figura, além de constituir o quinto mistério glorioso do Santo Rosário.

O altar do colégio, em formato de pirâmide, trazia em seu topo uma imagem de Maria e, espalhadas do corpo à base, crianças com tarefas preestabelecidas: distribuir pétalas de rosas, flores e ramalhetes para a santa, tendo como ápice a entrega da coroa. Tanto na escola como na igreja católica, todos os anjos representados eram brancos e loiros. Se o acaso jogasse a favor de alguma criança negra, elas participavam no máximo da base do altar, muitas vezes com pouco ou nenhum contato com a santa, lançando flores ao público. "Acho que o máximo que eu consegui um dia foi pôr o ramalhete, fiquei quase perto de Nossa Senhora", diz. Conceição, como a maioria de suas colegas, sonhava que a coroa de Nossa Senhora pudesse sair de suas mãozinhas, imaginava como seria vestir as asinhas brancas de anjo.

A menina, com o catolicismo como sua religião formal, convivia com diferentes religiosidades em casa. Rezava o rosário enquanto ouvia as rezas das benzedeiras da favela e assistia ao tio Totó participar da congada. Assim como o manto protegia o corpo de Nossa Senhora, muitos negros passaram a usar o apego aos santos católicos como forma de preservar o culto aos orixás. Não havia, até então, nada que fizesse menção direta a religiões afro-brasileiras naquela casa, mas aquela menina sabia que Deus podia ter a sua cor. Havia uma percepção, ainda que difusa, de outras manifestações em que ela podia se sentir acolhida. Décadas depois, Conceição compôs o poema "Meu rosário" para a menina que um dia foi:

Meu rosário é feito de contas negras e mágicas.
nas contas de meu rosário eu canto Mamãe Oxum
e falo padres-nossos, ave-marias.
Do meu rosário eu ouço os longínquos batuques
do meu povo
e encontro na memória mal adormecida
as rezas dos meses de maio de minha infância.
As coroações da Senhora, em que as meninas negras,
apesar do desejo de coroar a Rainha,
tinham de se contentar em ficar ao pé do altar lançando
flores.
[...][6]

MESMO LONGE DA COROA de Nossa Senhora, Conceição conquistou sua primeira posição de destaque quando ainda habitava as classes do porão. Ela estava no primeiro ano quando a professora Maristela decidiu usar o livro *A bonequinha preta*, de Alaíde Lisboa de Oliveira, em sala de aula. Na trama, a boneca, muito amiga de sua dona, Mariazinha, uma criança branca e loira, se aproxima da janela da casa e é tomada pela curiosidade do mundo externo. A primeira versão do livro foi ilustrada pelo artista Monsan, que deu à boneca as características pelas

---

6 Trecho do poema "Meu rosário", publicado pela primeira vez na coletânea dos *Cadernos negros* de 1992; posteriormente é incluído na primeira antologia individual da autora, *Poemas da recordação e outros movimentos*.

quais ela é conhecida até hoje: a cor "negra como carvão" e os lábios grandes e vermelhos.

Olhando em retrospecto, a imagem da boneca em muito se assemelha às ilustrações das primeiras edições de *The Story of Little Black Sambo*, *The Three Golliwogs*, ou ainda ao uso de *blackface* em shows de menestréis, prática que se tornou muito popular nos Estados Unidos e na Europa a partir da década de 1830 e alcançou boa parte do século XX;[7] os atores brancos tingiam o corpo e o rosto de preto, e os lábios, de vermelho, representando a boca de pessoas negras em tamanho e coloração exagerados. É bem provável que *A bonequinha preta* tenha se inspirado na estética estadunidense chamada de *golliwog*:[8] bonequinhos de trapo que apareciam em livros infantis no século XIX caracterizados como uma caricatura de criança negra totalmente estereotipada e com traços exagerados – um bonequinho com *blackface*, basicamente.

Para alguns, a obra de Alaíde Lisboa de Oliveira foi considerada um marco:[9] a primeira representação de sucesso de uma protagonista negra – embora não fosse um ser humano – em livros infanto juvenis.

---

7 Stuart Hall, "O espetáculo do 'Outro'", 2016.
8 Suzane Jardim, "Golliwog, pickaninny e golly doll", 2016.
9 "'A Bonequinha Preta' é um marco da literatura infantil brasileira", *Grupo Lê*, 16 mar. 2021.

Só em 1980, *Menina bonita do laço de fita*, de Ana Maria Machado, viria a se igualar em termos de projeção. Há, claro, diferenças bem marcadas entre as obras, como se uma fosse a antítese da outra. Se na primeira reconhecemos um objeto em posse de uma menina branca, uma caricatura, na segunda vemos uma criança negra, um ser humano, que encanta e se deixa encantar.

De volta à escola Barão de Rio Branco na década de 1950, quando a professora sugeriu transformar o livro *A bonequinha preta* em peça, Conceição prontamente se ofereceu para o papel. "Tiveram até o cuidado de chamar a minha mãe, perguntar se a gente não se importava", conta. "Me lembro até hoje, era uma música antiga, *Tico-tico no fubá*. Eu ganhei um status dentro da escola. Eu era 'a' bonequinha preta."

O BOLETIM DE CONCEIÇÃO, no entanto, ameaçava pôr fim ao seu sonho. A menina havia aprendido a ler e a contar, conforme o conteúdo programático das classes de alfabetização, mas não conseguia pronunciar as palavras da mesma forma que a professora: em vez de Maria da Conceição, falava *Malia da Contcheitchão*; lia *Pitucinha fuziu da cacinha* em vez de "Pituchinha fugiu da caixinha". Reprovou o primeiro ano.

Maristela acompanhou a antiga turma de Conceição e a nova classe seguiu sob a orientação de Ana Vidigal. Passou a ser repreendida aos berros: "Não é isso, lê direito!" A menina espevitada se tornou motivo de piada: a professora e os colegas riam do seu jeito de falar. Só anos depois Conceição descobriria que sofria de dislalia, distúrbio da linguagem que dificulta a articulação de algumas sílabas. "Eu tenho quase certeza de que não passei de ano por causa da minha dislalia. Eu lia 'errado'", diz.

A tristeza maior foi descobrir quem interpretaria *A bonequinha preta* no ano seguinte: Maria do Carmo, uma menina branca. "Aquilo me deu uma dor no coração. Eu já estava convencida de que eu *era* a bonequinha preta", lembra. Ser aquela personagem não era só uma diversão, mas uma forma de reconhecimento, de se ver como pertencente àquele espaço, de se ver além do porão. *A bonequinha preta* havia convencido Conceição de que ela podia ganhar o mundo. A apresentação do segundo ano foi um balde de água fria.

Até hoje Conceição diz que não sabe dançar. "Dançar? Eu mal ando!", brinca. Quem já teve a sorte de encontrá-la em algum show ou festa sabe que não é bem assim. Há algo na forma serena com que seu corpo reage à música que encanta, tanto que se espalham pela internet alguns vídeos de quem a flagrou dançando. Seu gingado é imperfeito, animado e comedido, vacilante, alegre e falho. É de um corpo que comove e se deixa comover. Conceição não dança como quem escreve, Conceição dança como quem vive.

Décadas depois, no gingado de sua pena, escreveu o conto "Rose Dusreis",[10] centrado numa jovem que nasceu com o "pendor da dança" e precisa superar uma série de obstáculos socioeconômicos e raciais para realizar seu sonho de infância: tornar-se bailarina profissional. A personagem é inspirada naquele breve instante em que Conceição pensou ser "a" bonequinha preta, e, assim como a escritora, a dançarina da ficção se dá conta de que estava buscando consolo no lugar errado. Precisava, antes, enxergar força em si mesma, nos seus.

> Ali ela apreendera o bailado da existência. [...] Força que rege a vida dos homens, dos animais, das plantas, de tudo que existe. Força que está guardada em nosso corpo, a sua versão visível e que não finda, mesmo quando esse corpo tomba, como se fosse a mais tenra penugem das asas de um frágil pássaro bebê, flutuando no ar. Essa força não finda, havia me garantido a bailarina, antes de se levantar para a sua dança final. Não finda! Pois o

---

10 Conceição Evaristo, *Insubmissas lágrimas de mulheres*, 2016b.

que se apresenta como revelação aos nossos olhos, aos nossos ouvidos, guarda insondáveis camadas do não visto e do não dito e eu digo do não escrito.

É no princípio da força vital – axé para as religiões afro-brasileiras –, na ancestralidade, que Rose Dusreis constrói a própria coreografia e a inscreve no balé da vida.[11] A personagem resgata, recria e perpetua a cultura africana em seus passos *vida-morte-vida*. Conceição não dança como quem escreve, Conceição escreve como quem dança.

QUANDO CRIANÇA, A ESCRITORA Alaíde Lisboa de Oliveira teve uma babá negra, de quem gostava muito. *A bonequinha preta* seria, portanto, uma maneira de homenagear aquela pessoa querida – a quem ela nunca se deu o trabalho de nomear.

Notemos as voltas que o mundo dá. Alaíde era irmã da escritora Henriqueta Lisboa, para quem Joana Josefina, mãe de Conceição, trabalhava como babá. Joana era "praticamente da família", a ponto de João Lisboa, pai de Alaíde e Henriqueta, apadrinhar sua filha primogênita, Maria Inês – as antigas

---

11 Gabriela Nunes de Oliveira *et al.*, "Insubmissas lágrimas de mulheres", 2023.

dinâmicas de compadrio entre a Casa-Grande e a Senzala, mantidas para marcar um lugar de subserviência, nada capaz de afastar por completo o medo da fome e do frio. Décadas se passam, e, ao folhear o livro *Mulheres em letras*,[12] encontramos lado a lado a biografia de Henriqueta e de Conceição. A inversão acontece também na Academia Mineira de Letras quando, em 8 de março de 2024, Conceição passou a ocupar a cadeira de número 40 – a mesma Casa que elegeu as irmãs Lisboa para os assentos 6 e 26.

"Eu gosto de brincar que o destino da literatura me persegue", diz. Ela me olha, pelo visor de sua webcam, como quem sabe que a maturidade não deixa escapar trivialidades sobre si. Pensa em mulheres como sua mãe e sua tia, de pouco estudo e muita curiosidade, olhando para as estantes de livros, limpando essas casas. Será que imaginavam que poderiam criar alguém que tirasse da vida delas o sumo da escrita? "É por isso que eu digo que a literatura vinga em mim. Vinga no sentido de florescer, mas também de fazer rebuliço, fazer uma mudança de lugar", explica, sorrindo.

---

12 Constância Lima Duarte, *Mulheres em letras*, 2008.

3. MINHA VOZ-BANZO

OS ANOS 1960 TROUXERAM à família Evaristo um grande acontecimento: Carolina Maria de Jesus. *Quarto de despejo: diário de uma favelada*, publicado pela primeira vez em 1960, chegou às mãos de Conceição no fim daquela década. No livro, que compreende o período entre 1955 e 1960, Carolina relata o sofrimento e as angústias da antiga favela do Canindé, em São Paulo, sobretudo a rotina da fome, repetida diariamente. Carolina se sustentava recolhendo papel nas ruas. Quando não conseguia papel nem encontrava restos de alimento no lixo, ela e seus filhos não comiam.

Quarto de despejo se tornou um fenômeno instantâneo. Com um mês de lançamento, o livro entrou em sua terceira edição, com 50 mil exemplares vendidos. "Sucesso igual, só o livro *Lolita*, best-seller dos Estados Unidos, que vendeu 80 mil exemplares em um mês", anunciou, na época, o *Jornal do Brasil*. Eram vendidos, em média, apenas na loja central da Livraria Francisco Alves, cerca de quinhentos exemplares por dia. Na época, um livro considerado best-seller vendia por volta de 50 exemplares por dia. No exterior, em pouco mais de quatro anos, ela estava sendo lida em dezenas de línguas. Especula-se que, fora do Brasil, seu livro tenha vendido mais de um milhão de exemplares. Nada igual se viu nas letras nacionais, principalmente se tratando de uma mulher com a trajetória de Carolina.[1]

Conseguir algum dinheiro com os restos dos ricos, lixos depositados nos latões sobre os muros, ou nas calçadas, foi um modo de sobrevivência também experimentado pelos Evaristo. Assim como Carolina Maria de Jesus nas ruas de São Paulo, Conceição conhecia, nos becos de Belo Horizonte, não só o cheiro e o sabor do lixo, havia o prazer do rendimento que as sobras dos ricos podiam ofertar. "Carentes de coisas básicas para o dia a dia, os excedentes de uns, quase sempre

---

1 Tom Farias, *Carolina*, 2019.

construídos sobre a miséria de outros, voltavam humilhantemente para as nossas mãos. Restos", recorda.[2]

Quarto de despejo chegou à família Evaristo pela JOC (Juventude Operária Católica), movimento do qual Conceição fazia parte. Os nove irmãos compartilhavam entre si o único exemplar e, cansados de disputar a leitura, reuniam-se no mesmo cômodo, fazendo leituras coletivas, numa espécie de sarau.

Dona Joana também não passou incólume. A leitura do livro a inspirou a manter um diário, relatando a própria vida e de sua comunidade. "Guardo comigo esses escritos e tenho como provar em alguma pesquisa futura que a favelada do Canindé criou uma tradição literária", escreveu Conceição em 2009. "Outra favelada de Belo Horizonte seguiu o caminho de uma escrita inaugurada por Carolina e escreveu também, sob a forma de diário, a miséria do cotidiano enfrentada por ela."

Os cadernos de dona Joana comportavam não só relatos e reminiscências, mas também poemas, entre os quais "Desfavelamento": "Mulher com filho nos braços/ e outros que seguravam a sua saia a gritar/ os gritos de pelo amor de Deus/ misturavam com o barulho do trator a derrubar/ foi assim que conseguiram/ com a Favela do Pindura saia acabar/ tinha

---

2 Conceição Evaristo, I Colóquio de Escritoras Mineiras, 2009.

muitos favelados que há trinta anos moravam por lá."[3] Ao reler esses versos, em 2019, Conceição se deu conta de que *Becos da memória* é também uma espécie de reescrita do poema de sua mãe.

Junto do exemplar de *Quarto de despejo* guardado pela menina belorizontina, os escritos de sua mãe e as vozes-mulheres de suas tias ajudariam a fundar um conceito incontornável da literatura negro-brasileira contemporânea: escrevivência. Desde os escritos mais remotos, há uma profunda ligação entre o universo caroliniano e a escrevivência de Conceição.

QUANDO O COTO UMBILICAL de seus bebês soltou-se do corpo, Joana Josefina enterrou aquela lembrança nos arredores de sua casa. Foi assim com suas quatro Marias e os cinco meninos que as seguiram. Contam os antigos que, na África, os cotos eram enterrados junto de uma muda de árvore, de forma que a saúde da planta refletiria a do bebê e vice-versa; quando a criança estivesse longe de sua terra, bastaria observar a árvore para receber notícias suas. Há também quem atribua o rito a Oxumarê – dono do arco-íris, serpente do movimento que transforma e perpetua a vida.

---

3 *Idem*, "Conceição Evaristo - Trip Transformadores 2019" [vídeo], 2019.

Os filhos desse orixá tinham os umbigos enterrados, geralmente com a placenta, "sob uma palmeira que se torna propriedade do recém-nascido, cuja saúde dependerá da boa conservação dessa árvore".[4] Nesses casos, é nítido o papel de outra cosmovisão, na contramão do liberalismo econômico e eurocêntrico: território é memória, e não terra a ser comercializada.

Plantar os umbigos na terra é costume presente em muitas regiões de nosso país e que carrega significados vários, sobretudo a relação do recém-nascido com o território: você é onde seu umbigo está enterrado. A prática se mantém no quilombo do Teixeira, no sertão de Pernambuco, sobretudo para impedir que roedores comam o coto,[5] para impedir que o vínculo seja quebrado; para o povo Capuxu, do sertão da Paraíba, é o que garante o vínculo da criança com a comunidade e com o território, para o qual sempre retornará;[6] no quilombo Aldeia, em Santa Catarina, simboliza um ideal coletivo e ancestral, motiva um povo a retomar sua terra: "Eu faço questão de ter de voltar, porque é ali que meu pai enterrou nossos umbigos."[7]

---

4 Pierre Verger, *Orixás*, 1990, p. 78.
5 Géssica Amorim, "No sertão, enterrar umbigo dos recém--nascidos é plantar esperança", *Marco Zero*, 23 jan. 2024.
6 Emilene Leite de Sousa, *Umbigos enterrados*, 2021.
7 Nathália Dothling Reis, "'É lá que o pai enterrou nossos umbigos'", 2021.

O plantar e o ser apartado de seu coto umbilical perpassam a ficção de Conceição Evaristo. "Da terra que guardava o seu umbigo, que ali fora enterrado, selando, pois, a filiação dela com o solo do povoado", escreve em *Ponciá Vicêncio*. "Os filhos tinham ido, mas voltariam um dia, seriam chamados. No ventre da terra, pedaços do ventre deles também haviam sido enterrados."

Sempre que retorna à terra natal, Conceição tenta visitar o Mercado de Cruzeiro, construído sobre os escombros da Favela Pindura Saia, em busca de vestígios. Caminha pelas ruas tentando apontar onde ficava a torneira em que buscava água, os becos por onde passava a caminho da escola. "Toda vez que volto a Belo Horizonte sinto que a cidade me traiu, na medida em que eu não sei mais onde ficava a minha casa, onde o meu umbigo está enterrado – não só o meu, mas de todos os meus irmãos", contou. "Ver essa geografia afetiva violada é como se o meu corpo fisicamente tivesse sido agredido."[8]

ESSA BELO HORIZONTE que Conceição conheceu se reformula entre os anos 1960 e 1970, sobretudo a região centro-sul, onde morava. O período foi mar-

---

8 Conceição Evaristo, *Ocupação Conceição Evaristo* [exposição], 2017c.

cado por um intenso trabalho de terraplanagem, demolições e construções, configurando-a como um grande canteiro de obras. A cidade começava a ser urbanizada, e lugares antes relegados às favelas passaram a sofrer com a especulação imobiliária. Rumo ao progresso, o prefeito Oswaldo Pieruccetti e a recém-criada CHISBEL (Companhia de Habitação e Interesse Social de Belo Horizonte) colocaram favelas abaixo para a abertura de vias que ligassem os novos bairros da região ao centro da cidade, dentre elas a Avenida Afonso Pena. Quando o desfavelamento foi iniciado na década de 1970, contavam-se 1.660 habitantes e 365 domicílios na Favela Pindura Saia. Quatro décadas depois, nos ainda visíveis restos da remoção, somavam-se 364 habitantes.[9]

Numa das muitas vezes que Conceição tentou re-visitar aquele lar, estava acompanhada da jornalista e amiga Flávia Oliveira. Subia devagarinho o caminho que levava ao topo da antiga favela, agora transformada no bairro Cruzeiro.[10] Caminhava sentindo o banzo, palavra de origem quicongo – *mbanzu*, que significa pensamento, lembrança – e quimbundo – *mbonzo*, que

---

9   Taís Freire de Andrade Clark, "Memórias de despejos", 2017
10 Flávia Oliveira, "Favela, sim", *O Globo*, 26 jan. 2024.

remete a saudade, paixão, mágoa;[11] pode se referir tanto à nostalgia mortal que acometia africanos escravizados no Brasil quanto a uma ação de suspensão objetiva de uma existência atroz. O banzo perpassa a experiência negra na diáspora africana: "É o pessimismo de Machado de Assis, o desespero lírico de Cruz e Sousa, o expressionismo mentalista de Basquiat, o inebriar etílico de Lima Barreto. É gênio e morte, mas não é a morte do gênio."[12] É a impossibilidade de retorno.

Naquela visita ao território que inspirou *Becos da memória*, restava um punhado de casas espremidas entre edifícios de classe média e o prédio de 1897 que abriga o primeiro reservatório de água da cidade, ainda em funcionamento.[13] Em 1974, foi inaugurado no terreno o Mercado do Cruzeiro, que reúne cerca de cinquenta empreendimentos, desde comércio de frutas e legumes até gastronomia sofisticada.

"Durante muitos anos, o espaço ficou abandonado, de forma que eu tinha a sensação de que a gente podia ficar mais um pouco", recorda a escritora. "Eu tinha esperança, ou vontade, de que algum milagre acontecesse, de que a gente não ia sair desse espaço nunca." Depois do desfavelamento, Conceição nunca

---

11 Nei Lopes, *Novo dicionário banto do Brasil*, 2006.
12 Davi Nunes, "Banzo", 2018.
13 Flávia Oliveira, "Favela, sim", *O Globo*, 26 jan. 2024.

conseguiu se fixar em um só lugar. Desde que se mudou para o Rio de Janeiro, em 1973, já morou em mais de vinte endereços. "Não aguento ficar muito tempo na mesma casa. Talvez seja a procura desse espaço original que nós perdemos e eu gostava tanto."[14]

JÁ EM 1958, aos 12 anos, Conceição ganhou seu primeiro prêmio de literatura: um concurso de redação sob o mote "Por que me orgulho de ser brasileira". Até hoje não se sabe o paradeiro do texto – a hipótese é de que tenha se perdido entre uma mudança e outra. Pergunto se ela consegue recordar o conteúdo; a sensação é de que guarda do episódio apenas a reação dos professores: havia consenso sobre a beleza de seu texto e dúvidas sobre sua capacidade de escrevê-lo. "E houve um certo movimento das professoras, que não queriam me conceder o prêmio, porque, na verdade, eu tinha sido durante todo o primário uma aluna não muito disciplinada. Eu questionava, eu brigava, eu queria participar de tudo", conta-me.

Esperavam certa passividade de uma menina negra e pobre, assim como de sua família. Passividade – esse era o sinônimo de bom comportamento para pessoas negras. Na casa dos Evaristo, eram todos politizados. Entendiam quando colegas tentavam insultá-los

---

14 Conceição Evaristo, *op. cit.*, 2017c.

chamando-os de "pretos". "Tínhamos uma consciência, mesmo que difusa, de nossa condição de pessoas negras, pobres e faveladas", recordou.[15] Conceição carregava consigo a sensação de um não lugar. "Era como se a cidade não me coubesse", disse. "Eu era muito menina, mas eu sentia que faltava alguma coisa em Belo Horizonte. Não só para mim, para toda a minha família e para o meu entorno, para a favela."[16]

Dona Joana ficou sabendo que a filha podia ter sido excluída da premiação pela própria professora de redação, para quem trabalhava como lavadeira. A educadora teria saído em defesa da aluna: "Bem, se o prêmio não for dado a ela, não teremos esse prêmio." Como recompensa, Conceição ganhou um missal e pôde ler o texto para o público durante a sua formatura do primário. "Lembrança do meu segundo passo para a glória", escreveu nas primeiras páginas do livro. "Acho que eu considerava o primeiro passo ter terminado o primário, e o segundo passo foi o prêmio de literatura", relembrou.[17]

Usava a escrita como uma forma de caber no mundo, ou de criar novos mundos. Conceição adorava

---

15 Conceição Evaristo, *op. cit.*, 2009.
16 *Idem*, "Mano a Mano" [podcast], 2023.
17 Vagner Amaro e Henrique Marques Samyn, *Quando eu morder a palavra*, 2023, p. 18.

redações do tipo "Onde passei as minhas férias", "A festa do meu aniversário", ou ainda "Um passeio à fazenda do meu tio". "Eu tenho brincado muito que ninguém tinha uma fazenda maior que esse meu tio! Não existia latifundiário mais poderoso do que ele, de tão mirabolante, de tanta ficção que eu punha ali naquele texto", relembra, rindo. Lidava com a pobreza material com riqueza imaginativa.

Seu olhar político começou a se refinar na adolescência, quando, aos 17 anos, ingressou na JOC. O movimento, assim como outros grupos católicos, promovia reflexões para comprometer a igreja com a realidade brasileira. Lá, Conceição adquiriu uma forte consciência de classe, mas as questões étnico-raciais só amadureceriam dentro de si ao longo da década de 1970, quando partiria rumo ao Rio de Janeiro e se aproximaria dos movimentos negros. Olhando em retrospecto, entende a importância daquele período na JOC para sua formação, e hoje consegue perceber com mais clareza as lacunas: "Era uma coisa muito católica, muito cristã, a gente entendia justiça como caridade, não como direito."

Foi pelo incentivo na JOC que retomou os estudos e concluiu o curso ginasial em 1968, aos 22 anos, após diversas interrupções – por quase dez anos, uma forte sensação de inadequação ao ambiente escolar e a necessidade de trabalhar fora a afastaram do colégio. Em

1968, também decidiu retratar a realidade de sua favela em um texto. A literatura, antes sua fiel válvula de escape, agora era mola propulsora de um encantamento, uma produção de arte e um jeito de indagar o mundo. "As casas são amontoadas, umas ao lado das outras. Casas não, cafuas", escreveu Conceição. "Amontoados de tábuas, latas e papelões. Becos sem saída, fedidos, sujos, imundícies. Mas quem mora ali não é bicho. É gente que sonha, sofre, ri e que às vezes também é feliz."

A redação escolar, intitulada "Samba-favela" e que descreve a relação do lugar com o samba, foi apresentada à professora Ione Correa e rapidamente extrapolou a sala de aula e os muros do colégio, sendo acolhida pelos colegas da JOC e publicada no mesmo ano no *Diário Católico de Belo Horizonte*. O texto aponta a origem do que seria *Becos da memória*, finalizado e publicado apenas vinte anos depois; o livro retomou e ampliou um modo de escrita que se insinuava desde aquela época:[18]

---

18 Em 2020, Islene Motta e Ludmilla Lis apontaram que o texto teria sido publicado "provavelmente" em 19 de outubro de 1974, no também mineiro *O Diário*; contudo, a pesquisa difere da página de jornal que integra a seção "Becos da memória" da Ocupação Conceição Evaristo (2017), com a data registrada pela grafia da escritora ("6.2.68"), e na qual me baseei. Outro ponto de atenção é que, em 1974, Conceição já residia no Rio, não em BH. *Ver* Islene Motta e Ludmilla Lis, "Publicações e fortuna crítica", 2020.

Samba-pobre, samba-tristeza, samba-alegria. Samba--tristeza da mãe que ao amanhecer o dia não tem nada para dar aos filhos, da mãe que vê sua filha perder-se, prostituir-se. Samba-tristeza da mãe que tem que abrir a porta para a polícia entrar, espancar e levar seu filho, porque ele é ladrão, maconheiro. Samba-tristeza da filha que vê sua mãe todas as noites variar de companheiro, da moça que vê o rapaz que a deflorou, ajuntar seus trapos para procurar outra menina em outra favela talvez. Samba-revolta do operário que trabalha, que luta, que constrói aquele bonito prédio no centro da cidade e, quando chega a tarde, sobe cansado para sua favela, seu barraco que, chegando a chuva, pode cair de uma hora para outra. Samba-revolta daquele moço que rouba, que já foi preso várias vezes. Mas há ladrões piores do que ele. Sim, muitos dos donos de fábricas, muitos dos empresários que lenta e escondidamente roubam dos operários e do povo através do lucro absurdo e excessivo, e aos quais ninguém pune.[19]

"SAMBA-FAVELA" VEIO A PÚBLICO, no entanto, num contexto extremamente delicado para o país, sobretudo para os movimentos operários: estávamos em uma ditadura militar. A JOC surgiu no Brasil no

---

19 Conceição Evaristo, *op. cit.*, 2017c.

início dos anos 1930, com o objetivo de melhorar a vida do jovem trabalhador por meio de uma ação que conjugava evangelização e formação de uma consciência crítica. Ela é a responsável pelo método pedagógico ver-julgar-agir, ensinando seus integrantes a *ver* o problema, a *julgá*-lo à luz do Evangelho e a *agir* para transformar sua condição de classe trabalhadora explorada. De posição conservadora, a JOC passou a assumir um caráter mais progressista após o golpe militar de 1964[20] – e não passou incólume aos olhos da repressão.

Dez meses após a publicação do texto, foi decretado o AI-5, o mais duro dos atos institucionais da ditadura militar brasileira; parlamentares contrários ao regime tiveram seus mandatos cassados, o presidente Costa e Silva passou a ordenar intervenções nos municípios e estados e suspendeu quaisquer garantias constitucionais. Em resumo, institucionalizou-se a tortura, comumente usada como instrumento pelo Estado. No ano seguinte, em 1969, integrantes da JOC começaram a ser presos pelo regime e o movimento perdeu forças até desaparecer do cenário brasileiro.[21]

20 Rafaella Lúcia de Azevedo Ferreira Bettamio, "O DOI-CO-DI carioca", 2012.
21 *Ibidem.*

MINHA VOZ-BANZO

A filiação à JOC ainda renderia muitos problemas a Conceição. Por meio do movimento, conheceu a trajetória de líderes revolucionários afro-americanos, como Angela Davis, e exibia nas paredes de seu quarto uma foto da ativista. Presa pelo FBI em 14 de novembro de 1970, Davis figurava na lista das pessoas mais perigosas do mundo. E veio dela a inspiração para que Conceição mantivesse o cabelo *black*, com bastante volume e pontas arredondadas, formando uma auréola crespa ao redor de sua cabeça. Nas fotos da época, vemos não o rosto e a voz dócil que hoje conhecemos de Conceição; seus olhos traziam a raiva e a força típicas da juventude revolucionária. Na BH da década de 1970, apenas três mulheres ostentavam um *black power* na capital mineira: a atriz Zora Santos, a jornalista Anna Davis e a futura escritora Conceição Evaristo. Para usar uma gíria carioca: ela era a cara do crime.

ANTES QUE AS BUSCAS na filial mineira do JOC chegassem a Conceição, ela teria que lidar com a perda do lar. A família Evaristo foi desalojada em outubro de 1971. A prefeitura botou abaixo a Favela Pindura Saia, e os moradores foram obrigados a migrar para a periferia da cidade, a quilômetros de distância da área central. Isso afetou toda a economia da favela, fazendo com que muitas pessoas perdessem o emprego pela dificuldade de locomoção da periferia ao centro, onde havia uma oferta melhor de trabalho – fora a nova dificuldade imposta, em pleno ano letivo, para a conclusão dos estudos de crianças e jovens. "Algumas meninas da favela, assim como eu, não entendiam o que estava acontecendo; se sentiam à deriva", diz. A sensação era de que haviam tirado o chão sob os seus pés, e o corpo caía em queda livre num poço sem fim. Tio Totó repetia, em *looping*: "Preta, meu corpo tá pedindo terra."

Dona Joana e Aníbal, tia Lia e tio Totó estabeleceram-se em Contagem, município da região metropolitana de Belo Horizonte, e tiveram de se adaptar, a duras penas, à realidade da região. Conceição, então com quase 25 anos, cursava o último ano do segundo grau de forma concomitante ao curso de magistério no Instituto Estadual de Educação de Minas Gerais, no bairro de Funcionários, em Belo Horizonte.

Se hoje os cerca de vinte quilômetros que separam os municípios podem parecer pouca coisa, naquela época constituíam um verdadeiro desafio. Não havia ônibus que fizessem o trajeto integralmente, e quilômetros precisavam ser percorridos a pé. Para concluir o curso, Conceição passou dois anos migrando entre quartos no pensionato feminino da cidade, entre os quais o alugado pela amiga Maria Regina Pilati, e o barraco alugado pelo amigo e músico Waldemar Euzébio Pereira no bairro Anchieta. Foi uma época de grande dificuldade financeira, mas também de muita alegria. Se a grana era pouca, bastava o violão de Waldemar para a roda de amigos fazer a própria festa e varar a noite cantando. "Como ela não gostava de dormir!", recordou Waldemar.[22]

BECOS DA MEMÓRIA COMEÇOU A SER ESCRITO entre 1987 e 1988 e levou vinte anos até chegar ao público. Primeiro, Conceição tentou publicar o livro pela Fundação Palmares em 1988, como parte do Centenário da Abolição. O projeto não foi levado adiante pela instituição. Naquela época, ela ainda não tinha feito sua estreia nos *Cadernos negros*, que aconteceria só em 1990 e cujos custos de produção eram divididos entre os autores. Seu portfólio se resumia à redação no *Diário Católico*. Radicada no Rio de Janeiro desde 1973, não conhecia nenhuma editora que custeasse a publicação do livro, como é de praxe entre grandes e médias editoras. Para colocá-lo no mundo, precisaria recorrer a editoras pequenas

---

22 Conceição Evaristo, "De Belo Horizonte para o Rio de Janeiro – Ocupação Conceição Evaristo (2017)" [vídeo], 2017e.

ou independentes e pagar a publicação do próprio bolso. Sentiu-se desestimulada. O investimento parecia irreal para a realidade de professora municipal. Conceição optou então por engavetar o original.

Becos só deixou a gaveta no segundo milênio, depois que a crítica – sobretudo os críticos mineiros – recebeu com entusiasmo a publicação de *Ponciá Vicêncio*, em 2003. Três anos depois, Conceição investiu finalmente na publicação de seu romance primogênito pela Mazza, editora negra e mineira que havia acolhido *Ponciá*. *Becos* é hoje um dos mais importantes romances memorialistas da literatura contemporânea brasileira e passou por outras duas casas editoriais: em 2013, foi publicado pela Mulheres, de Florianópolis, e desde 2018 integra o catálogo da Pallas, do Rio de Janeiro, junto a outros três livros da autora: *Olhos d'água* (2014), *Ponciá Vicêncio* (2ª ed., 2017) e *Canção para ninar menino grande* (2ª ed., 2022).

Conceição, que tem um processo de escrita lento e permeado pelas interrupções do cotidiano, escreveu *Becos* num intervalo de poucos meses, ficcionalizando lembranças e esquecimentos de sua família. O ponto de partida foi algo que ouviu de dona Joana: "Vó Rita vivia embolada com a Outra", frase que abre o romance. As cenas e os diálogos vinham em ondas

MINHA VOZ-BANZO

à sua mente, de forma muito orgânica. A escrita chamava mais escrita. "Só tem ali duas narrativas que foram extremamente pensadas", revelou.[23] As histórias de Negro Alírio e Ditinha são ficcionalizadas a partir de episódios que Conceição presenciou: um homem procurado pela polícia após fugir da greve do Cais do Porto, no Rio de Janeiro; e uma empregada doméstica que jogou as joias da patroa na fossa. No entanto, ela adverte: "Nada que está em *Becos da memória* é verdade, nada que está narrado em *Becos da memória* é mentira."[24]

O livro é centrado no drama dos moradores de uma favela prestes a ser demolida. Sob a ameaça de despejo – "o plano de desfavelamento [...] aborrecia e confundia a todos" –, vidas e sonhos, experiências e saberes, são postos em risco. A trama se desenvolve sob o olhar de uma menina de 13 anos, a narradora Maria-Nova, que vive todo o processo e se torna porta-voz dos sofrimentos e alegrias dos demais. As histórias, tecidas sem linearidade, vão surgindo a partir de um universo fraturado – a comunidade surpreendida pelo processo de remoção: "Dava a impressão de que nem eles sabiam direito por que estavam erradicando a favela. Diziam

---

23 Vagner Amaro e Henrique Marques Samyn, *op. cit.*, p. 27.
24 Conceição Evaristo, *Becos da memória*, 2017a.

que era para construir um hospital ou uma companhia de gás, um grande clube, talvez."[25]

"Não há como eu não dizer que Maria-Nova me imita", Conceição me conta com uma expressão capaz de convencer quem passava ao nosso redor de que estávamos a falar de uma menina outra, real, algumas de suas alunas, talvez. "Se há alguém que me copia, é Maria-Nova", insiste.

O romance nos chega como uma colcha de memórias, retalhos costurados pacientemente; uma narrativa fragmentária, atenta às encruzilhadas do ontem com o hoje e permeada por diversas vozes: Vó Rita, velha parteira que "dorme embolada com a Outra"; Bondade, de cujo passado pouco se sabia, que "conhecia todas as misérias e grandezas da favela"; Cida-Cidoca, a prostituta "do rabo de ouro"; D. Santinha, que surrou a nora grávida para abortar a criança e incriminar o próprio filho; Mãe Joana, que nunca sorria, "nem por dentro nem por fora"; Ditinha, a empregada doméstica alienada e deslumbrada com a patroa; Negro Alírio, sindicalista perseguido por reivindicar direitos trabalhistas; Tio Totó, nascido durante a vigência da Lei do Ventre Livre e que carrega consigo os dramas de seus antepassados escravizados.

---

25 *Ibidem*, p. 87.

MINHA VOZ-BANZO

Antes de conseguir publicar a obra, Conceição compartilhou o manuscrito com amigos e companheiros de movimento negro, entre os quais Joel Rufino dos Santos. O historiador não só leu como datilografou, em 6 de julho de 1988, um prefácio para o futuro livro. Seu texto demarca o caráter político e coletivo que perpassa toda a obra da autora, além de posicionar a escrita de Conceição num histórico de emergência dos movimentos negros, que "são pedagógicos no sentido em que mostram a inutilidade – ao menos para os negros – de brancos escreverem sobre negros".[26] As personagens de Conceição seriam então o outro mundo: "O mundo negro do povo brasileiro."

Muniz Sodré, ao ler o romance, correu até a máquina de escrever para datilografar algumas linhas. Professor da UFRJ (Universidade Federal do Rio de Janeiro) e um dos mais importantes intelectuais do campo da comunicação, destacou que *Becos* oferecia algo de inédito na literatura nacional: "O testemunho (bem escrito, literariamente realizado) do universo existencial da favela, sem pieguismos nem doutrinações reformistas. Textos anteriores do gênero foram publicados, mas sem qualidade narracional."[27]

* * *

26 Conceição Evaristo, *op. cit.*, 2017c.
27 *Ibidem.*

EMBORA NÃO SEJA um diário como *Quarto de despejo*, *Becos da memória* habita o flanco aberto por Carolina Maria de Jesus: a favela que fala por si, não pelo olhar do outro, do branco, das classes médias e altas. As duas escritas estão em consonância com a célebre frase de Lélia Gonzalez, maior nome do feminismo negro no Brasil: "O lixo vai falar, e numa boa."[28]

Em 2020, a obra de Carolina Maria de Jesus passou a ser resgatada e reeditada pela Companhia das Letras. A proposta da editora era publicar livros e manuscritos de Carolina a partir de sua grafia original, mantendo o que sempre foi taxado por estudiosos do cânone literário brasileiro como erro ortográfico ou gramatical, ao passo que joga luz ao projeto estético da autora em incorporar a oralidade aos seus escritos. Carolina é vista pela primeira vez não de forma condescendente, e sim como uma escritora com projeto literário e estético próprios; assim como Guimarães Rosa também o tinha ao incorporar neologismos em seu texto.

Conceição Evaristo faz parte do conselho editorial que supervisiona as edições da obra na editora,

---

28 Lélia Gonzalez, *Por um feminismo afro-latino-americano*, 2020, p. 69

composto também por Vera Eunice de Jesus, filha de Carolina, e pelas pesquisadoras Amanda Crispim, Fernanda Felisberto, Fernanda Miranda e Raffaella Fernandez. Até o momento, foram publicados os dois volumes de *Casa de alvenaria* (2021) e o romance inédito *O escravo* (2023).

"Carolina hoje é apontada como uma das escritoras mais instigantes da literatura brasileira", disse Conceição em 2022.[29] "Nunca pensei que um dia poderia assistir a isso, ajudar a construir o discurso e a propor uma nova leitura." Além de se ver refletida na escrita-espelho de Carolina, a literata desempenhou papel preponderante na escrita de Conceição: "Essa audácia de se afirmar como escritora, de se apossar da escrita como direito. Isso me fortifica muito."[30]

Há anos, Conceição reivindica uma reescrita, verdadeiramente honesta, da história da literatura brasileira, com a maranhense Maria Firmina dos Reis – autora do primeiro romance escrito por uma mulher no Brasil – e a mineira Carolina Maria de Jesus ocupando papéis centrais na disputa pelo

---

29 Mariana Peixoto, "Conceição Evaristo passa a limpo sua relação com BH em nova série do Curta!", *Estado de Minas*, 6 jan. 2022.
30 Conceição Evaristo, "O Trilha de Letras recebe a escritora Conceição Evaristo | Programa Completo" [vídeo], 2018.

cânone e na representação negra. Não à toa, a célebre frase de Carolina Maria de Jesus cabe muito bem a Conceição Evaristo: "Falavam que eu tenho sorte. Eu disse-lhes que eu tenho audacia",[31] sem acento, conforme a grafia original.

---

31 Carolina Maria de Jesus, *Casa de alvenaria – Volume 2: Santana*, 2021b, p. 9.

4. ESSE ALQUEBRADO CORPO

AS ESTREITAS RUAS de pedra do Morro da Conceição deixam o motorista que me leva aflito. Desço do carro no largo do Observatório do Valongo, da UFRJ, e sigo meu caminho a pé pelos becos, travessas e ladeiras do bairro. É domingo de manhã. Ouço o cantar de passarinhos e o cochichar de vizinhos à frente de suas casas e sobrados de arquitetura colonial. Por todos os cantos, a deliciosa sensação de que nada está acontecendo. Ninguém está vendo, não há o que registrar. A vida segue com a rotina mais invejável, a do sossego e a do desacontecimento. É nesse cenário, e em sua insistência em lembrar a ambiência de uma cidade do interior ou dos subúrbios mais longínquos do Rio, que Conceição Evaristo resolveu se instalar em 2019. Aqui ela estabeleceu seu escritório e lar quando tem compromissos na capital fluminense e prefere adiar a volta a Maricá, cidade a cerca de 60 quilômetros do Rio, onde mora com a única filha, Ainá, numa casa com quintal e dois quartos.

Quando chego à casa, de fachada branca e contornos azuis, a porta e as janelas estão abertas para a rua. Conceição está sentada no centro da sala, numa cadeira de metal, com os braços apoiados na mesa de jantar de madeira com tampo de vidro. Ela conversa com Sil Azevedo, que prepara um documentário a seu respeito. Com um olhar lânguido, ela me cumprimenta: "Pode entrar, minha filha." Sento à sua frente, numa das outras cinco cadeiras que compõem o conjunto da sala. "Olha, você me desculpe não te oferecer nem um copo d'água, porque estou sem, acabei de chegar de viagem." Uma vizinha havia passado em sua casa mais cedo para perguntar se ela gostaria de algo do mercado, no que a escritora pediu algumas garrafas de água mineral. "Logo mais ela chega."

A decoração de seu lar em muito conversa com a ambiência do bairro: móveis antigos de madeira maciça, entre os quais uma estante e uma cristaleira que guardam objetos de decoração e prêmios. Próximo à janela que dá para a rua, prateleiras apinhadas de livros tomam as paredes, com exemplares de *O diário de Anne Frank*, os romances *A máquina de fazer espanhóis*, do escritor português Valter Hugo Mãe, *O olho mais azul*, da estadunidense Toni Morrison, e *A cor da ternura*, da paulista Geni Guimarães. Os livros que vejo, no entanto, não refletem sequer um quarto de seu acervo, que foi doado em grande parte para a biblioteca da Casa Escrevivência, em meados de 2023. Ao fundo do cômodo, uma varanda de onde se pode ver uma pequena faixa da Baía de Guanabara – "gosto de morar num lugar em que se veja água". Em Maricá, na Grande Niterói, onde também tem residência, é um lago próximo que desanuvia sua vista.[1]

Quando me recebeu, Conceição havia acabado de voltar de uma temporada em Belo Horizonte com a família. Celebrou a chegada de 2024 ao lado da filha, de irmãs e irmãos, primas e primos, sobrinhas e sobrinhos. Retornou ao Rio para participar de um colóquio sobre o legado de Tia Ciata no Museu do Amanhã, no sábado, dia 13 de janeiro, e aproveitou

---

1 Joana Oliveira, "Conceição imortal", *Revista Claudia*, nov. 2022.

a manhã de domingo para conversar comigo. Ela me contou que estava tentando reduzir o número de compromissos profissionais na agenda para conseguir passear mais. Mesmo cansada, prometeu a si mesma que assistiria ao show de Leila Maria, cantora carioca que explora arranjos temáticos e conceituais de ritmos e sonoridade africanos, que aconteceria naquela tarde no Parque Glória Maria, em Santa Teresa. "Hoje eu vou sair só para me divertir, sem compromisso de trabalho", diz ela. Horas depois, ao acompanhar imagens da apresentação pelas redes sociais, encontro uma outra Conceição: sentada em meio à plateia, ela balança a cabeça e o tronco no ritmo da música até se deixar envolver a ponto de se levantar e arriscar alguns passos. O vestido branco com desenhos pretos parece uma saia rodada, e Conceição balança os braços como se estivesse num xirê. Não havia melhor forma de descansar.

O MORRO DA CONCEIÇÃO, que começou a ser ocupado no século XIX, sobretudo por portugueses e espanhóis, integra um circuito histórico. A Pequena África se projeta sobre partes de um conjunto de quatro bairros (Saúde, Gamboa, Santo Cristo e Cidade

Nova), três morros (da Providência, do Livramento e da Conceição), além de uma área do centro da cidade, todos próximos da zona portuária do Rio e diante da Baía de Guanabara. Especula-se que a alcunha derive de uma expressão criada pelo compositor, cantor e pintor Heitor dos Prazeres (1898-1966): "África em miniatura." Lima Barreto, por outro lado, nomeou a região como "aringa africana".[2]

Antes mesmo do nome, a região já era conhecida como um espaço de preservação e resistência da cultura afro-brasileira, reunindo práticas religiosas e culturais, como batuques e capoeiras. As conversas se davam nas casas das tias baianas da Pedra do Sal e dos arredores, como a residência de Hilária Batista de Almeida, a Tia Ciata, na Cidade Nova.[3] As tias baianas faziam parte da forte migração de negros do Recôncavo Baiano para o Rio, entre o fim do século XIX e o início do XX, e tiveram grande influência na religiosidade e na cultura cariocas.

Nos últimos tempos, toda essa área passou a atrair a atenção dos turistas, desde que a região do porto foi submetida a um plano de reurbanização às vésperas

---

2 Emily Almeida, "Os que ficaram", *Revista Piauí*, set. 2022.
3 *Ibidem.*

da Copa do Mundo de 2014 e dos Jogos Olímpicos de 2016, realizados no Rio. No local, foram erguidos equipamentos culturais, como o Museu do Amanhã, o Museu de Arte do Rio e o AquaRio, o aquário municipal. O entusiasmo do poder público foi tão grande que deu a esse projeto milionário de reurbanização o nome de Porto Maravilha. A região, entretanto, foi no passado o palco da maior tragédia da história brasileira: a escravidão. Governos e populações tentaram apagar esse passado vergonhoso, soterrando e destruindo ao longo dos séculos todos os seus sinais. Alguns vestígios sobreviveram – e nas últimas décadas foram reaparecendo, um após o outro.

Esse é o caso do Cais do Valongo, o maior ponto, em todas as Américas, de desembarque de escravizados da África.[4] Construído na segunda metade do século XVIII – para tirar da vista das pessoas, entre elas os estrangeiros que desembarcavam no Rio, o comércio cruel de negros escravizados –, o cais foi aterrado em 1843 para criar um ponto de desembarque para a princesa italiana Teresa Cristina, que se casaria com o imperador Pedro II. Outros aterramen-

---

4 *Ibidem.*

ESSE ALQUEBRADO CORPO

tos se sucederam em decorrência de obras na região portuária – e, por muito tempo, o Cais do Valongo sumiu da história brasileira.

"A PRIMEIRA VEZ que eu venho ao Rio de Janeiro é numa espécie de aventura", relembra Conceição. Foi em 1972. Havia concluído o curso de magistério no ano anterior, aos 25 anos, e, desempregada, fazia bicos na expectativa de prestar concurso para dar aulas em Belo Horizonte. O ano de 1971 havia chegado ao fim sem que a prefeitura divulgasse um novo certame. Quando estava no Festival de Inverno de Ouro Preto, Conceição ouviu falar de um concurso na capital carioca e decidiu se lançar no mundo. Com a mochila nas costas, pôs-se à beira da rodovia BR-040, que liga Belo Horizonte ao Rio, com os polegares erguidos para pedir carona. "Naquele momento, era muito comum carona, você pedia carona sem dificuldade nenhuma, vim sem saber o que poderia me acontecer."

E o que aconteceu foi um romance. Apaixonou-se em pouco tempo por Ébano, um dos cantores do grupo de MPB *Cantores de Ébano* e, quando passou no concurso para ser professora municipal, se mudou para a capital do então estado da Guanabara. Morou com o namorado na Rua Morais e Vale,[5] próximo aos Arcos da Lapa. O lugar tem história. No passado, moraram por lá a compositora carioca Chiquinha Gonzaga e os pernambucanos Manuel Bandeira, escritor, e João Francisco dos Santos, transformista conhecido pelo codinome Madame Satã.[6] Décadas depois, a casa já demolida, o endereço ainda é conhecido pela boemia – o Beco do Rato, localizado no cruzamento da Morais e Vale com a Joaquim Silva, é lugar cativo de famosas rodas de samba.

A casa em que Ébano e Conceição moravam era um lar de estudantes, habitado também por jovens trabalhadores que haviam migrado para o Rio. O aperto era tamanho que o quarto da escritora e do cantor ainda era dividido com um outro casal. "Cada casal não tinha privacidade nenhuma!", recorda.

Busco as cartas – as poucas que não se perderam entre as muitas mudanças de endereço – para tentar entender como foram aqueles dias. "Não faz uma semana que estou aqui e já parece que faz um tempão, deve ser porque dessa vez vim para ficar", escreveu

---

5 Conceição Evaristo, *Ocupação Conceição Evaristo* [exposição], 2017c.
6 Ancelmo Góis, "Rua Morais e Vale, na Lapa, endereço do Beco do Rato, vai virar um calçadão após revitalização da Prefeitura do Rio", *O Globo*, 5 nov. 2022.

ESSE ALQUEBRADO CORPO

Conceição em 20 de março de 1973.[7] Foi a primeira missiva enviada à família – cita cada um dos nomes no cabeçalho do papel, como quem reconhece o significado de um velho provérbio africano: "É preciso uma aldeia para se criar uma criança." Noticiou com entusiasmo o início das aulas em um pré-vestibular no dia anterior e suplicou à família que enviasse "vibrações positivas" para a sua nomeação como professora municipal sair o quanto antes. Já havia passado no concurso e seguia desempregada, sem ter como se manter na cidade grande e como visitar a família em Minas.

"Estou bem", continuou, "o Rio é bom, mas é uma cidade de louco. Não tem a tranquilidade de BH e nem desta 'casa de campo'", fazendo referência à nova moradia da família em Contagem. Acostumada a olhar pelos irmãos, seguiu o texto listando compromissos que eles não podiam esquecer: o período de alistamento no exército, o prazo para o registro no então INPS (Instituto Nacional de Previdência Social, que seria substituído pelo INSS em 1990). "Me escrevam logo, em qualquer papel. Se ficarem com preguiça, cada um escreve um pedacinho",

---

7 Conceição Evaristo, *op. cit.*, 2017c.

suplicava, com o peito transbordando de saudade. "Abraços para todos, Preta", assinou com o apelido dado pelos irmãos.

O Rio era mesmo uma cidade de louco, não comportava sua mineiridade nem o gosto de terra que ela trazia na boca. Em 8 de março de 1976, sentou-se à máquina de escrever e compôs um poema sobre a saudade de casa, que só viria a ser publicado pela primeira vez em 1990, nos *Cadernos negros*.

> Quando chego de Minas
> trago sempre na boca um gosto de terra.
> Chego aqui com o coração fechado,
> um trem esquisito no peito.
> Meus olhos chegam divagando saudades,
> meus pensamentos cheios de uais
> e esta cidade aqui me machuca
> me deixa maciça, cimento
> e sem jeito.
> Chegando de Minas
> trago sempre nos bolsos
> queijos, quiabos babentos
> da calma mineira.
> É duro, é triste
> ficar aqui
> com tanta mineiridade no peito.[8]

---

8 Conceição Evaristo, *Poemas da recordação e outros movimentos*, 2017b.

ESSE ALQUEBRADO CORPO

Conceição se sentia fora de lugar, sozinha e ofendida até nos gestos mais corriqueiros. Já não era mais convidada para visitar a casa dos outros, costume que permeou sua criação entre a casa da mãe Joana, da tia Lia e das amigas de longa data da família. "Apesar de sermos pobres, a gente estava sempre recebendo amigos, parentes. Eu tinha o hábito de ir à casa das pessoas", ela me explica.

"Sabe que eu chorei na hora que recebi a cartinha daí", escreveu no dia 2 de abril de 1973 à família, "esses dias ando com uma vontade imensa de até voltar".[9] Confessava a insegurança sobre a vida sozinha e os planos de retornar a Minas em junho, caso não arranjasse emprego. Uma gripe a derrubou entre uma correspondência e outra, e ela se viu doente e longe de casa pela primeira vez; o esmero e o cuidado do namorado nunca poderiam substituir o colo de sua mãe. Deu-se conta de sua meninice: "Aos vinte seis anos ainda sou muito menina, puxa que medo de ficar muito doente, que medo de tomar este ou aquele remédio sem mamãe saber." Escreveu e não enviou. Guardou o papel na gaveta.

---

9 Conceição Evaristo, *op. cit.*, 2017c.

Dez dias depois, retomou a escrita com boas notícias: sua convocação acabava de ser publicada no Diário Oficial do município. Havia, contudo, um temor. Onde arranjaria um "atestado de ideologia política"? Não era segredo que Conceição frequentava há anos os eventos da Juventude Operária Católica, tendo uma redação escolar publicada no jornal mineiro da organização em 1968. Acomodou o papel no envelope e guardou consigo até que pudesse remetê-lo nos Correios.

O atestado ideológico foi um importante instrumento de controle social e político, com o objetivo de afastar militantes comunistas das estruturas sindicais e do serviço público. Criado durante o primeiro governo de Getúlio Vargas, o documento se manteve durante todo o mandato de Dutra até finalmente ser extinguido no retorno de Vargas à presidência, em 1952. Durante a ditadura militar, no entanto, foi reimplantado, e seu objetivo, ampliado, afastando supostos comunistas também dos meios estudantis e de associações representativas.[10]

A ditadura militar foi um período tão doloroso para Conceição que ela sempre preferiu se preservar da exposição de sua intimidade. Em maio de 2024,

---

10 Carlos Eduardo da Silva Pereira, "'Nada consta'", 2019.

no entanto, a escritora deu um longo depoimento sobre a sua experiência com o regime durante uma mesa da Flipetrópolis. Estava acompanhada da escritora carioca Rosiska Darcy de Oliveira, que foi sua professora no mestrado, e da jornalista Flávia Oliveira. "Falta na história da ditadura um relato a partir das classes populares. Temos muitos relatos que nos ajudam a entender a história do Brasil, mas a maioria parte das classes médias, de intelectuais. Há poucos relatos da classe operária. E eu vivi essa experiência", narrou.

No início da década de 1970, a repressão passou a perseguir integrantes da JOC, chegando a prender e torturar alguns membros. Conceição não entendia ao certo o que estava acontecendo até o dia em que militares vistoriaram seu quarto. Levaram a foto de Angela Davis. Ela sentia o cerco se fechar ao seu redor. Nesse contexto, mudar-se para o Rio foi também vivenciar um exílio. Não era só a falta de dinheiro que afastava Conceição da família, era o medo da tortura. Apenas quando retornou a Contagem, dona Joana lhe contou pessoalmente a forma como os Evaristo foram perseguidos após a partida da jovem. Já haviam se acostumado a sair de casa com militares sempre à espreita. O ápice ocorreu quando um homem ameaçou pôr "fogo no barraco" da família caso a mãe não revelasse o paradeiro da filha. Nervosa, dona Joana fez o possível para desconversar, dizendo que não sabia, até o agente de segurança desistir.

Conceição apresentou-se ao DOPS (Departamento de Ordem Política e Social) do Rio em 1973. Temia acabar sendo detida ou até torturada ao ter sua trajetória devassada pelo aparelho de repressão do Estado. Em meio à intensa caçada contra o comunismo, seria irreal imaginar que uma ativista operária sairia ilesa daquele escritório. Mas ela saiu. Talvez, pensava, houvesse uma falha na comunicação entre as sedes do departamento. Não conseguia nem acreditar que saía de lá com um documento carimbado: NADA CONSTA! Finalmente podia começar a lecionar.

"O QUE É QUE eu fiz? No outro ano, eu fui fazer um...", Conceição desvia o olhar para a porta. "Oi, minha filha. Tudo bem?", acena para uma vizinha que havia notado sua ausência no Morro. A conversa que se segue me remonta aos dias de sol em que minha avó colocava uma cadeira de plástico em frente ao portão lá em Paciência, na Zona Oeste do Rio, uma conversa fiada se emendando na outra apenas pelo prazer de *assuntar* a vida, como descreve Conceição. O tempo de repente para, e a jornalista à sua frente deixa de existir.

"Eu fiquei em Belo Horizonte, fiquei em Maricá. E você, está bem?", pergunta Conceição da sala de casa.

"Estou aqui na luta", responde a vizinha do batente da porta. "Graças a Deus. Estou conseguindo levar assim, com coragem. Se a gente desistir, não consegue fazer as coisas."

"Não pode, não, porque a primeira coisa é o seu estado emocional. E você, conseguiu parar de fumar?", indaga Conceição.

"Consegui, você acredita? Se você perguntar, não me lembro como, mas sei que consegui", diz.

"Menina!", rebate Conceição, com certa surpresa.

A conversa segue por cerca de cinco minutos, sem muito motivo nem propósito, sobre a vida, os filhos que cresceram, como uma tem sonhado com a outra. Nenhuma delas saiu de seus postos. A vizinha permanece no batente da porta, e Conceição, sentada à minha frente, agora me observa de canto de olho.

"O tempo voa. Não parece que quando a gente chega a uma certa idade o tempo passa mais rápido?", pergunta a senhora, que arranca uma risada de Conceição. "Vou ali e já volto."

Conceição volta os olhos para mim. "Pior que gravou tudo isso, né?"

Essa seria apenas a primeira das pequenas interrupções que teríamos ao longo da entrevista. "As pessoas aqui se falam, se cumprimentam. Olham a casa para você, como você também olha a casa das pessoas", diz. Conceição não mantém as portas abertas à toa. É o mundo, é a vida que oferece a matéria de sua escrita. "Eu sou muito fofoqueira, no sentido de que eu adoro perguntar. Muitas vezes, as pessoas estão me contando um fato e eu já estou escrevendo aquele fato",[11] contou em outra ocasião. "Se eu me retirar para escrever, pode saber que eu já colhi tudo lá fora; ou colhi aqui dentro."

Antes de se mudar, Conceição não sabia da dimensão bucólica do endereço. Estava posando para um fotógrafo do jornal *O Globo*; insatisfeito com o resultado, sugeriu que subissem o Morro. Encontraram o cenário ideal numa pracinha próxima ao atual endereço da escritora. Sem pestanejar, Conceição pensou: "Quero morar aqui." E assim o fez. Não demorou muito até descobrir que uma casa naquela rua estava disponível para aluguel.

---

11 Conceição Evaristo, "Mês da Consciência Negra - Imagem da Palavra - Parte 1" [vídeo], 2012.

Ludmilla Lis, que fora uma de suas assessoras, brinca que Conceição é "perigosa": quando a escritora fala que quer morar em um lugar, no dia seguinte já está se mudando. "Em Maricá foi a mesma coisa", relembra Conceição. "Dormi na casa de uma amiga na cidade. Quando acordei e vi a lagoa, logo pensei: 'Quero morar aqui.'"

Em 51 anos de Rio de Janeiro, já foram mais de vinte mudanças. "Não gosto do processo de arrumar a mudança, apesar de fazer isso com muita competência", diz. "Gosto de ser seduzida por um novo lugar. A gente é doida, não é?", ri.

SORTE NO JOGO, azar no amor. O relacionamento com Ébano esfriou rapidamente. Em menos de um ano, o namoro já havia chegado ao fim. Conceição deixou, então, a Rua Morais e Vale de mala e cuia. Os três anos que se seguiram foram permeados por mudanças de diferentes casas e apartamentos, pelos mais variados fatores: financeiros, a distância do trabalho, os novos relacionamentos. Até o fim da década de 1970, dividiu moradia com uma série de amigos, entre os quais os professores Angela Bispo – que, hoje, integra a sua assessoria – e Silvano Clarindo Fidélis.[12]

---

12 Conceição Evaristo, *op. cit.*, 2017c.

Conceição brinca que talvez tenha um espírito meio nômade. "Eu sou uma pessoa aventureira", confessa. "Hoje eu tenho 70 anos, mas sou uma pessoa aberta pro mundo, entende?"

A mudança para o Rio de Janeiro simboliza a grande virada de chave na carreira de Conceição. É onde a leitora se tornou escritora, e a aluna, professora. Hoje, diz com mais tranquilidade, é também o seu lar. "Foi o meu porto", reconhece. "Antes de tudo, é o lugar em que me afirmei profissionalmente. Tenho certeza de que, se não tivesse vindo, não teria conquistado tudo o que conquistei." É também neste solo cimentado que conheceria seu grande amor.

5. INVISÍVEL PRESENÇA

EM 1976, CONCEIÇÃO MORAVA na Glória, bairro situado na área fronteiriça entre o Centro e a Zona Sul da cidade. As coisas haviam melhorado: no ano anterior, prestara vestibular para Letras na UFRJ e concurso para ser professora em Niterói; foi aprovada em ambos. Estudava pela manhã, dava aulas no Rio à tarde e, à noite, rumava para Niterói. Com o dinheiro, além de poder enviar uma quantia mais generosa à família em Contagem, conseguiu alugar um quarto na casa de uma família mineira.

Numa manhã de chuva, enquanto caminhava pelo Centro da cidade, Conceição se deparou com um homem negro, alto, barbudo – "e muito bonito, muito bonito", ela me diz, sorrindo com o olhar. Os dois, caminhando em sentidos opostos, se entreolharam. Ela seguiu seu caminho para a faculdade, ele pôs-se do lado dela. "Eu lembro que eu tomei um susto, eu tremi nas bases, porque ele era um *homão* e estava vestido com uma capa de chuva comprida", conta. Oswaldo Santos de Brito não perdeu tempo, acompanhou a jovem até o prédio da Faculdade de Letras da UFRJ, então localizada na Avenida Chile, e convidou-a para um encontro na Praça XV na noite daquele mesmo dia. Ela estava para completar 30 anos; ele já tinha 40.

Conceição seguiu para sua exaustiva rotina de estudo e trabalho. Quando chegou em casa, para se arrumar para o encontro, se deu conta de que havia esquecido a fisionomia do moço. Pediu ajuda a Heloísa, uma prima que veio de São Paulo para visitá-la e se hospedou por alguns dias em seu quarto. Saíram, então, as duas de casa rumo à Praça XV. A cada vez que Heloísa perguntava "é aquele, Preta?", a confusão de Conceição só aumentava: "Não sei, eu acho que não é aquele, não." Veio então um homem vestindo uma camisa em estilo africano em sua direção. Conceição o reconheceu pelo olhar. Ele parou ao seu lado,

INVISÍVEL PRESENÇA

cumprimentou Heloísa, e, daquele encontro, tudo caminhou muito rapidamente.

ESTOU DIANTE DE UMA foto de Oswaldo e Conceição. Ele está de terno e gravata; ela, com um vestido preto de mangas compridas. Na cabeça dele, os fios crespos se dividem entre uma longa barba e uma densa camada de cabelo de dois ou três centímetros; um *black* curto como o de Jorge Ben. A auréola negra que envolve a cabeça de Conceição é digna de Elza Soares; em suas orelhas, pendem um par de argolas douradas. Os dois, com os olhos semiabertos, beijam-se ternamente. A foto em tons de sépia ilustra algo simultaneamente amoroso e revolucionário, como se compusesse a icônica campanha "Reaja à violência racial: beije sua preta em praça pública", veiculada pelo jornal do Movimento Negro Unificado em 1991.[1]

E o casal era mesmo revolucionário, em campos distintos. Oswaldo trabalhava como serralheiro, profissão que havia aprendido em casa. Chegou a cursar Contabilidade, sem gostar; preferia mesmo a arte de moldar metais e até conseguiu abrir uma

---

1 *Jornal Nacional do Movimento Negro Unificado*, n. 19, maio-jul. 1991.

pequena empresa. A maré, porém, virou na segunda metade da década de 1980, com o lançamento dos planos Cruzado e Bresser, que deveriam estabilizar a economia brasileira. A empresa de Oswaldo ficou sem capital de giro e encerrou suas atividades. Ele passou um bom tempo desempregado, fazendo bicos, até ter a carteira assinada por uma empresa de seguros.

Enquanto Conceição aproxima Oswaldo de organizações negras da sociedade civil, como o IPCN (Instituto de Pesquisa das Culturas Negras),[2] ele faz com que a escritora se encante pelo samba e pelos orixás. Oswaldo participava ativamente da então Unidos de São Carlos – nome, em referência ao morro onde a quadra se localizava, que persistiu até 1983, quando passou a se chamar Estácio de Sá, referindo-se ao bairro como um todo –, mas já havia passado também pela Acadêmicos do Salgueiro, na Tijuca, e pela Unidos do Viradouro, em Niterói.

Era também um homem de axé. Frequentava o Ilê Omolu Oxum, casa de candomblé ketu fundada por Mãe Meninazinha de Oxum em 1968,[3] na Baixada

---

2 Conceição Evaristo, *Ocupação Conceição Evaristo* [exposição], 2017c.
3 Ilê Omolu Oxum, *Catálogo Museu Memorial Iyá Davina*, 2021.

Fluminense, primeiro na Marambaia, depois em São João de Meriti. Na década de 1970, Oswaldo foi suspenso por Iansã, Senhora dos Ventos, para ser seu ogã – tipo de sacerdote que não entra em transe, responsável pelo toque de instrumentos percussivos, como o atabaque. A Iansã que o escolheu regia um dos oris mais importantes da casa: o de Djanira (Dêja) do Nascimento, Iyá Kekerê do Ilê – Mãe-pequena, braço direito da Iyalorixá. Conceição passou então a frequentar o terreiro de Mãe Meninazinha com Oswaldo; era a primeira vez que ela pisava em uma casa de candomblé.

Em Minas Gerais, Conceição cultuava o deus cristão e rogava a intercessão dos santos católicos; prática que aprendeu tanto em casa, com a mãe e as tias, quanto na escola, com o ensino religioso obrigatório. Seu catolicismo, por vezes, se deslocava da concepção apostólica romana. Cavoucando a memória, lembra que se sentava com a mãe Joana e a tia Lia para confeccionar rosas de papel crepom; levavam o artesanato para enfeitar as festas de congada – manifestação sacro-cultural que mescla cultos católicos e afro-brasileiros, às quais são incorporados cantos ritualísticos, danças, vozes, tambores e corpos que as encenam.

Tio Totó era congadeiro, e todos os anos, infalivelmente, a folia de reis passava pela sua casa. Em Minas Gerais, um estado extremamente católico, os congadeiros cantam para Nossa Senhora do Rosário – uma senhora de fundamento católico que se coloca ao lado dos africanos escravizados. Reza a lenda que um fazendeiro mandou construir uma igreja para Nossa Senhora, e volta e meia ela fugia para a capelinha dos escravizados. "Ora, naquele momento histórico eles precisavam ter a Nossa Senhora do lado deles. Lidar com essas narrativas é encontrar e valorizar suportes emocionais que o nosso povo não tem e não teve", defendeu Conceição.[4] "Poucos de nós, hoje em dia, têm a possibilidade de, por exemplo, fazer análise. Imagine quando esses africanos e seus antecedentes não eram considerados nem como pessoas, nem com sentimentos?"

Também congava o tio Totó de *Becos da memória*, ficção cheia de parecenças:

> A "coroa de rei" que ele [Tio Totó] usava nas festas de congada brilhava pelo efeito do Kaol sobre a cômoda de madeira. Era bom brincar de rei. Ele vestia roupas vistosas, bonitas. Todas as festas acabavam sempre na capelinha que os participantes do congo haviam

---

4 Vagner Amaro e Henrique Marques Samyn, *Quando eu morder a palavra*, 2023, p. 40.

INVISÍVEL PRESENÇA

> construído em honra de Nossa Senhora do Rosário.
> A imagem ficava sobre o andor que D. Anália e outras
> mulheres enfeitavam sempre com papel crepom e seda.
> Maria-Velha, Mãe Joana e Maria-Nova faziam flores
> para enfeitar a Santa no mês de outubro. A capela era
> pequena. Só abria nos meses de festas. Maria-Nova
> gostava das rezas. Nessas épocas quem tirava o terço
> eram os chefes das congadas.[5]

Foi lendo, anos depois, Leda Maria Martins, uma das principais pensadoras do teatro brasileiro, que entendeu que existia no traço daquele bailado uma "oralitura" – letra e *litura*, escrita e rasura, voz e corpo, linguagem em deslocamento – tradicionalmente negra. No rito oral da palavra encantada, o congado se apresenta como campo sagrado, festivo, também como história e memória ancestral de uma comunidade, memória espiralar.[6]

E é emocionada que Conceição interrompe a sua fala ao ver Leda Maria Martins na plateia. Estava numa mesa da Flup (Festa Literária das Periferias), em outubro de 2023, no Rio, ao lado do pensador quilombola Antônio Bispo dos Santos, o Nêgo Bispo, e sob mediação da jornalista Flávia Oliveira.[7]

---

5 Conceição Evaristo, *Becos da memória*, 2017a, pp. 174-175.
6 Leda Maria Martins, *Afrografias da memória*, 2021a.
7 Conceição Evaristo e Nêgo Bispo, "Mesa: Confluências e escrevivências, muito mais do que rimas" [vídeo], 2023.

"É muito bom estar com pessoas que me deram suporte teórico para pensar tanta coisa", disse. Não estou naquela plateia, acompanhava a transmissão ao vivo do debate de minha casa. Ainda que a câmera não captasse o momento em que Leda se levantou de seu assento e foi aplaudida pelo público, consegui ver a cumplicidade nos olhos de Conceição. O suporte teórico a que ela se referiu é a concepção de Leda de um tempo/memória espiralar. A ideia perpassa toda a escrevivência de Conceição; está nos versos finais de "A roda dos não ausentes": "Traço então a nossa roda gira-gira/ em que os de ontem, os de hoje,/ e os de amanhã se reconhecem/ nos pedaços uns dos outros./ Inteiros".[8] E há em *Ponciá Vicêncio* uma passagem especialmente marcante por compor o clímax da narrativa: "A vida era um tempo misturado do antes-agora-depois-e-do-depois-ainda. A vida era a mistura de todos e de tudo. Dos que foram, dos que estavam sendo e dos que viriam a ser."[9]

* * *

---

8 Conceição Evaristo, *Poemas da recordação e outros movimentos*, 2017b, p. 12.

9 *Idem, Ponciá Vicêncio*, 2017d, p. 110.

INVISÍVEL PRESENÇA

A FÉ MÚLTIPLA de Conceição converge com a ideia de catolicismo negro, popular ou afro-brasileiro.[10] Marcada pelas congadas e contas do rosário, essa vertente pode chamar Jesus Cristo de Zambi e celebrar Nossa Senhora do Rosário com cânticos e batuques. Está na Lavagem de Nosso Senhor do Bonfim em Salvador, no Círio de Nazaré em Belém do Pará, na Folia de Reis mineira, na feijoada de São Jorge no Rio de Janeiro, na Festa da Boa Morte em Cachoeira, no Bumba-meu-boi maranhense – e Brasil afora vemos Xangô menino se encontrar com São João e Exu dançar com Santo Antônio. O catolicismo negro é essa fé confluente, que agrega e adapta ritos ancestrais, que se materializa pela encruzilhada dos ritos africanos, indígenas e ocidentais.

Por isso que, mesmo tendo cumprido vários dos sacramentos do catolicismo – entre os quais batismo, eucaristia, crisma, matrimônio –, Conceição não se denomina católica apostólica romana. Para quem vive as dores do racismo, acredita ela, as religiões cristãs não dão conta de preencher os vazios deixados – nisso, só as religiões vindas de África poderiam ajudar.[11]

---

10 Marco Antonio Fontes Sá, "Congadas e reinados", 2019.
11 Helton Simões Gomes, "Origens: Conceição Evaristo", 2021.

Prefere definir sua fé como eclética: respeita Imaculada Conceição, dialoga com Oxum e Iemanjá, tem fé em Santa Rita de Cássia e não dispensa a companhia de Anastácia, a quem chamam de Escrava Anastácia e ela prefere chamar de Rainha Anastácia. "Quanto mais mulheres me protegerem, melhor", diz.

Em *Histórias de leves enganos e parecenças*, fundem-se a ficção e algumas verdades misteriosas que contaminaram a infância de Conceição, e que vieram de religiões e manifestações culturais afro-brasileiras, que faziam parte do cotidiano da família Evaristo. Quando leu o livro para dona Joana, a mãe questionou o fim do conto "O sagrado pão dos filhos"; a história real, tão parecida com aquela, não terminava como a da ficção. "Quase todas estão modificadas, mas segurar essa verdade misteriosa, segurar esse mistério que durante muito tempo alguém quis chamar de alienação. Podem até chamar, sendo alienação ou não, sem essas histórias, sem essa vida, que acontece para além da razão, talvez nós não estivéssemos aqui", revelou Conceição.[12]

Enquanto conversa comigo, noto em seu pescoço, por baixo de um longo vestido, dois fios de conta: um

---

12 Vagner Amaro e Henrique Marques Samyn, *op. cit.*, 2023, p. 40.

com miçangas brancas e outro com raiados de marrom e vermelho. Ela me conta que havia visitado, na véspera, o Ilê Omolu Oxum, que hoje abriga também o Museu Memorial Iyá Davina e o ateliê Obirin Odara. É lá onde ela cuida de uma parte significativa de sua espiritualidade, é onde mais se sente acolhida. "Não sei se posso me considerar filha de Mãe Meninazinha, mas tenho um enorme carinho por ela", diz ela ao me contar que não é iniciada no candomblé, tampouco abiã – noviça, aquela que ainda irá nascer para o orixá.

Mãe Meninazinha de Oxum nasceu em 1937, nove anos antes do nascimento de Conceição. Companheiras de movimento negro, uma sempre prestigia as conquistas da outra: em 2017, a iyalorixá esteve na Câmara Municipal quando a escritora recebeu a medalha Pedro Ernesto das mãos de Marielle Franco; e Conceição desfilou na Unidos da Ponte quando a escola meritiense rendeu homenagens à Mãe Meninazinha no carnaval de 2023. Eu também estava naquele desfile, conto a ela, com ojá, pano da costa e saia rodada; na condição de filha. Conceição me abre um sorriso como se me enxergasse agora com outros olhos; talvez agora ela também tenha notado o meu fio de contas âmbar por baixo do vestido.

Horas antes de encontrá-la, havia visto uma foto dela com Mãe Nilce de Iansã, Iyá Egbé da casa e irmã de sangue de Mãe Dêja. "Minha querida prima", escreveu a iyá no Instagram. Os laços de axé não morrem.

O NAMORO COM OSWALDO avançava, apesar do pessimismo de Conceição. "Para mim, Oswaldo seria só uma paquera. Eu nunca me concebi casada", diz ela. Quando nova, observava as vitrines com vestidos de noiva ao lado de uma amiga. Achava tudo aquilo ridículo: tanto o ato de vestir-se de noiva como a cerimônia de casamento. Parecia um teatro absurdo: do branco do vestido, que representa a pureza e a castidade femininas, aos votos de submissão ao marido – "As mulheres sejam submissas a seus maridos, como ao Senhor, pois o marido é o chefe da mulher, como Cristo é o chefe da Igreja, seu corpo, da qual ele é o Salvador."[13] O tempo, contudo, tem poder para decantar velhas ideias. Conceição rendeu-se aos encantos de Oswaldo e casou-se no papel e na igreja católica, contanto que fossem cerimônias muito simples – "casei na igreja só para deixar a minha mãe feliz". No cartório, optou por adotar o sobrenome do marido, passando a assinar como Maria da Conceição Evaristo de Brito.

Começaram a namorar praticamente no mesmo dia em que se conheceram em 1976. Foram três anos

---

13 Bíblia Ave Maria, Efésios, 5:22-23.

INVISÍVEL PRESENÇA

até que passassem a dividir o mesmo teto. Em 1979, moraram juntos no apartamento que Conceição já dividia com outros amigos.[14] Casaram-se e se mudaram para o bairro do Estácio em 1980. Um ano depois, Ainá daria ao mundo seu encanto.

NUMA FOTO DE 11 de maio de 1988, os braços de Ainá envolvem o pescoço de Oswaldo – o pai carrega a filha nas costas, apoiando as pernas da menina próximo à cintura. Conceição caminha ao lado de sua família como quem sabe que tirou a sorte grande. Estavam no Centro do Rio durante a Marcha Contra a Farsa da Abolição, que marcou as celebrações do centenário da assinatura da Lei Áurea. O debate, há muito discutido pelos movimentos negros, havia tomado o Sambódromo da Marquês de Sapucaí em fevereiro daquele ano, quando a Unidos de Vila Isabel apresentou o enredo "Kizomba, a Festa da Raça" e a Estação Primeira de Mangueira entrou com "100 anos de liberdade, realidade ou ilusão?". A composição de Martinho da Vila que homenageia as celebrações e ritos negros na cultura brasileira entrou para a história como um dos sambas-enredo mais bonitos do carna-

---

14 Conceição Evaristo, *op. cit.*, 2017c.

val carioca e sagrou a escola como a grande campeã daquele ano. Na verde e rosa, a crítica a uma abolição inconclusa, interpretada pela inesquecível voz de Jamelão, rendeu o vice-campeonato. Ao trazerem o grande herói negro para o centro dessas homenagens ("Valeu Zumbi/ O grito forte dos Palmares", na Vila, e "Sonhei… Que Zumbi dos Palmares voltou", na Mangueira), as escolas reforçaram ao público o elo histórico entre samba e política.

Não era a primeira vez que o movimento negro relembrava a figura de Zumbi. Pelo menos desde a década de 1970, concebe-se o 20 de novembro como Dia de Zumbi e da Consciência Negra – formalizado nacionalmente em 2003, como uma efeméride do calendário escolar, até ser instituído como data comemorativa em 2011; e só em 2023 tornou-se feriado nacional. Ao discursar na histórica Marcha Zumbi Está Vivo, de 19 de novembro de 1983, o ativista e então deputado federal Abdias Nascimento celebrou a manifestação e reclamou a dificuldade de se ver reconhecidos a luta negra pela dignidade humana e o resgate de nossa história e nossos valores culturais. "Infortunadamente, essa luta só tem obtido visibilidade quando ela se expressa em termos de carnaval, em termos de futebol", disse, de maneira efusiva. "Nós não aceitamos entrar pela porta dos fundos num país

INVISÍVEL PRESENÇA

que os nossos antepassados construíram. Nós somos os construtores deste país. E, enquanto nós estivermos alijados do poder, este país só pode ser definido como uma África do Sul à moda sul-americana."[15]

E o que ocorre quando uma manifestação negra tão "bem-sucedida" quanto o carnaval expõe a relação entre o açoite e a miséria e reivindica para si a construção deste país? As escolas de samba, verdadeiros quilombos urbanos, por vezes deixaram-se levar por uma narrativa que os afastasse da perseguição sofrida desde fins do século XIX, mas sempre ressurgem grandiosas ao abraçarem suas verdadeiras raízes. Carnaval é, por definição, um enfrentamento político. O espetáculo na avenida daquele ano deu um novo fôlego ao movimento negro. É inegável: há algo que as ciências – sociais, da natureza ou exatas – não alcançam e só a arte é capaz de comunicar. "Nossa sede é nossa sede/ De que o Apartheid se destrua", cantava a Vila.

Quando convocou a Marcha Contra a Farsa da Abolição para a tarde do dia 11 de maio de 1988, o IPCN dobrou a aposta. O cartaz da manifestação trazia duas figuras em preto e branco: uma pintura em que

---

15 CULTNE - Abdias do Nascimento Marcha Zumbi Está Vivo - 1983.

capitães do mato açoitam escravizados e uma foto em que cinco meninos negros têm o pescoço envolvido por uma corda enquanto são vigiados por um policial fardado. Nas duas figuras, capitães do mato e policial têm suas roupas destacadas pela cor rosa. E o slogan da marcha ocupa o centro do panfleto: "Nada mudou, vamos mudar."[16] Era uma provocação direta não só à polícia, mas principalmente ao Estado brasileiro.

O Comando Militar do Leste, cuja sede está localizada no Palácio de Caxias, recebeu os manifestantes com hostilidade. Cerca de 750 soldados mantiveram o ato sob vigilância, com batidas generalizadas, faixas confiscadas – como as que traziam "não queremos polícia racista" – e prisões por desacato. "Eles carregam o ódio, nós carregamos a chama da nossa liberdade, nós carregamos o povo brasileiro", dizia o militante Marcos Romão no microfone da manifestação.[17] O percurso da caminhada também precisou ser alterado. O plano inicial era que os ativistas caminhassem em linha reta pela Avenida Presidente Vargas, da Igreja da Candelária até o monumento em homenagem a Zumbi, na Praça Onze. No meio

---

16 Davi Aroeira Kacowicz, "Marcha contra a farsa da abolição", *Rio Memórias*, 2020.
17 CULTNE - Marcha de 88 - Reflexão 125 anos.

INVISÍVEL PRESENÇA

do caminho, contudo, havia o Pantheon de Caxias, monumento que guarda os restos mortais do patrono do Exército. Não era segredo para ninguém que Duque de Caxias representava mais uma farsa dentre os ícones erigidos pela memória oficial do Estado – assim como a Princesa Isabel e o 13 de maio. Temendo protestos contra a memória do patrono, o Comando Militar do Leste, barrou o caminho à Praça Onze, permitindo que os manifestantes caminhassem até as imediações da Central do Brasil, pouco antes do Pantheon. Em coro, os ativistas gritavam: "Nós vamos caminhar até onde o racismo deixar."[18]

Soldados do Exército cercaram os manifestantes dos dois lados da Avenida Presidente Vargas. "Havia um slogan que a gente cantava ao longo da marcha, 'policial negro também é discriminado', algo assim", lembra Conceição. "Nós fizemos essa manifestação correndo todos os riscos." Ainda assim, os registros da época mostram que Conceição e Oswaldo não eram os únicos pais a levar crianças para a marcha. As crianças eram carregadas nos colos, ou andavam de mãos dadas com aqueles que sonhavam com a liberdade.

* * *

18 Davi Aroeira Kacowicz, *op. cit.*

FORAM TREZE ANOS de um relacionamento feliz até uma viagem em 1989. Conceição, Oswaldo e Ainá saíram do Rio no dia 29 de dezembro para passar o réveillon em Belo Horizonte. Mal chegaram e, já no dia 30, precisaram parar no hospital: Oswaldo não estava se sentindo bem. No pronto-socorro, o médico responsável aferiu a pressão arterial, que estava alta, receitou um remédio sublingual e liberou o paciente. "Não foi mal súbito, foi negligência do hospital", me diz Conceição. "Se tivesse feito um eletrocardiograma, ele [o médico] teria percebido." Oswaldo sentia uma dor no peito e um cansaço extremo. Mal sabia ele que naquele momento já começava a se formar um coágulo em sua artéria coronária. Quando a interrupção no fluxo sanguíneo atingiu seu ápice, o coração de Oswaldo parou de bater. Aos 54 anos, infartou nos braços de sua esposa – Conceição estava com 43 anos, e Ainá, com apenas 8. Naquele ano, não houve réveillon, não houve festa. Conceição e Ainá retornaram ao Rio de Janeiro, no dia 31 de dezembro, com um corpo que diziam ser de Oswaldo. Não havia palavra que consolasse a viuvez e a orfandade.

"TER CONHECIDO O OSWALDO deu um rumo para minha vida", me diz Conceição ao se lembrar de sua

INVISÍVEL PRESENÇA

vida "nômade" assim que chegou ao Rio, migrando de casa em casa. "Às vezes essa coisa de ser aberta pro mundo pode te colocar em situações de perigo." O marido a ajudou a assentar o seu caminho. Mais que um grande amor, Oswaldo foi seu companheiro, amigo e confidente. Escolheu partilhar os dias com ele, pois via nele tanto a vontade de viver e celebrar quanto a determinação para lutar por um ideal, e principalmente um colo para onde sempre poderia retornar. Aquilo era tão novo para Conceição, que via sua mãe reclamar do abandono de diferentes homens ao longo da vida. Ter encontrado um homem como Oswaldo e ter dado à luz uma filha que, apesar de todas as adversidades, teria um pai presente enchiam Conceição de uma desconhecida esperança. Encarar aquele corpo sem vida a feria profundamente; lidar com a partida de Oswaldo, ainda que não tenha sido de forma intencional, era lidar com o abandono. "Quando ele morreu, eu me senti meio traída", lembra ela. "Como é que ele morre? Como assim? Não estava combinado."[19]

Foram cinco longos anos de luto. Durante todo esse período, Conceição mal conseguia mexer nas coisas

_____
19 Conceição Evaristo, *op. cit.*, 2017c.

123

de Oswaldo: o aparelho de barbear passou cinco anos praticamente no mesmo lugar que ele havia deixado. Era uma sensação incapacitante. As tarefas mais banais lhe custavam muito: se alimentar, tomar banho, limpar a casa. Uma amiga, que tinha a chave do imóvel, passou a visitá-las diariamente, ajeitava o que precisava, deixava comida e ia embora só depois que mãe e filha já tinham adormecido. Amigos também precisaram intervir para que Conceição desse entrada nos papéis do INPS e recebesse pensão por morte.

Conceição imaginava que, se não mexesse nas coisas do marido, se não lidasse com a morte dele, tudo retomaria seu curso: Oswaldo apareceria na porta ao fim de um dia de trabalho, Ainá correria em sua direção e Conceição tocaria seus lábios outra vez.

"Hoje eu olho para trás e entendo que entrei num estado de depressão profunda", me diz ela. Uma percepção que adquiriu nos anos 2000, quando o debate sobre saúde mental passou a se popularizar no Brasil. O quadro de Conceição se estendeu possivelmente até meados da década de 1990, uma época em que saúde mental era um assunto pouco discutido, sobretudo quando se referia a pessoas negras – quando ocorria conosco, quaisquer sintomas psíquicos eram interpretados pelo senso comum como preguiça, "corpo mole", ou loucura generalizada, já que éramos inaptos ao trabalho intelectual. Desumanizados por princípio, também não nos é concedido o direito de sofrer. Talvez a profícua discussão sobre saúde mental que temos hoje – que está nos jornais, na TV, nas redes sociais, nos filmes, livros – esteja ligada à Luta Antimanicomial, que se inicia no Brasil no fim da década de 1970 com o movimento pela Reforma Psiquiátrica. Ambos combatem a ideia de que se deve isolar da sociedade uma pessoa em sofrimento mental, transformando hospitais psiquiátricos num ambiente carcerário, punindo o indivíduo pelo próprio sofrimento. Décadas se passaram até a Lei nº 10.216 – que assegura os direitos das pessoas com transtornos mentais e responsabiliza o Estado pelo desenvolvimento de uma política de saúde mental – ser finalmente sancionada em 6 de abril de 2001.

Conceição, sem acesso a informações ou tratamentos, seguia a vida em piloto automático, embotada em sua melancolia. "E eu só sobrevivi porque tinha Ainá. Se não tivesse Ainá, eu não teria em quem me agarrar."

Tinha também a escrita. Meses após o falecimento de Oswaldo, ela compôs um poema ao marido. Sua forma de lidar com a dor era mantê-lo vivo, ainda que a poesia fosse o único território que ela conseguia controlar. Conceição dedica a ele "Negro-Estrela": "Em memória de Oswaldo, doce companheiro meu, pelo tempo que a vida nos permitiu."

Quero te viver,
vivendo o tempo exato

Quero te viver na plenitude
do momento gasto
vivido em toda sua essência
sem sombra ou falta.

Quero te viver
me vivendo plena
do teu, do nosso
vazio buraco.

Quero te viver, Negro-Estrela,
compondo em mim constelações
de tua presença,
para quando um de nós partir,
a saudade não chegar sorrateira,
vingativa da ausência,
mas chegar mansa,
revestida de lembranças
e amena cantar no peito
de quem ficou um poema
que transborde inteiro
a certeza da invisível presença.

Os versos são uma forma de repactuar seus votos matrimoniais, do desejo de viver plenamente, apesar da ausência do parceiro, à promessa de que nem a morte seria capaz de separá-los. Escrever sobre Oswaldo era uma tentativa de imortalizá-lo.

Um conjunto de seis poemas – "Mineiridade", "Eu-mulher", "Os sonhos", "Vozes-mulheres", "Fluida lembrança" e "Negro-Estrela" – marcaram a estreia de Conceição Evaristo nos *Cadernos negros*, em 1990, exatamente um ano após a passagem de Oswaldo. Sem perspectiva de como seguir a vida, decidiu colocar em prática a ideia de publicar seus versos. Cada poema havia sido composto em contextos distintos, alguns brotaram de sua mente havia mais de uma década; outros foram esculpidos poucos meses antes da publicação. Lendo-os em conjunto, conseguimos perceber como eles já revelavam traços que seriam indeléveis em sua produção posterior: o apelo à terra natal, a identidade feminina, a ancestralidade, a esperança nas novas gerações, a memória como reserva de resistência e o amor.

A escrita, mais do que nunca, tornou-se uma forma de expurgar e lidar com a dor. Não sou eu quem estou dizendo, foi a própria Conceição quem nos alertou nas linhas finais de "A gente combinamos de não morrer", seu conhecido conto: "Neste momento, corpos caídos no chão, devem estar esvaindo em sangue. Eu aqui escrevo e relembro um verso que li um dia. 'Escrever é uma maneira de sangrar'. Acrescento: e de muito sangrar, muito e muito…".

6. DESCONCERTANTES MISTÉRIOS

"VOCÊ CONHECE AINÁ?", pergunta Conceição em nossa chamada de vídeo, quando discutíamos a data para uma próxima entrevista. Dessa vez, ela conversa comigo de sua casa em Maricá. Já passava das dez horas da noite, e a escritora precisava desligar para dar o lanche à filha, que não quis jantar mais cedo. "É minha menina de 42 anos. Então, quando eu venho para Maricá, eu preciso estar com ela. O meu tempo é *dela*", diz, frisando o pronome possessivo. "Ainá, aqui a moça que está para entrevistar sua mãe", Conceição aponta para o notebook. A filha se aproxima da tela e me cumprimenta, um pouco ressabiada. Estava

129

com uma camiseta de malha rosa, shorts e usava óculos de grau com cordinha. A voz doce, meiga, de Conceição contrasta com o tom grave de Ainá. "Ela tem a voz mais grave e mais impositiva que a minha, inclusive dá ordem, me dá ordem", contou Conceição certa vez.[1] "Enquanto eu vou com todo cuidado, 'Ainá, faz isso, e coisa e tal', ela olha para mim e fala: 'A pia está cheia.'"

Quando Conceição está em Maricá, o tempo de Ainá é permeado pelas brincadeiras e as tarefas que mãe e filha compartilham – na véspera da entrevista, as duas conversaram sobre o Dia da Bandeira. Também é de Ainá o tempo diante da televisão. A filha adora programas como *Caldeirão com Mion* e *Big Brother Brasil*, da Rede Globo, e *A Fazenda*, da Record, sendo este um dos motivos pelos quais ela precisava se ausentar antes das 22h30.

Ainá logo se afasta do monitor, atraída pelo latido insistente dos cães. "Então, você imagina, Maricá tem cachorro, tem flor, tem a minha filha", elenca, entre amores e responsabilidades. "A sua vida é tresloucada como a minha?", pergunta, rindo, depois de se dar conta de que não sabe quando terá tempo livre para

---

1 Conceição Evaristo, "Mano a Mano" [podcast], 2023.

uma próxima entrevista. "Se você não se incomoda, quando eu pensar 'esse tempo pode ser da Yasmin', eu te ligo, aí, se você estiver livre, a gente conversa." Combinamos assim, sem combinar quase nada, e tudo se deu no tempo de Conceição.

ASSIM QUE CONCEIÇÃO deu à luz Ainá, o obstetra pediu para conversar com os pais da criança. Ele não só comunicou a rara deficiência genética da menina, que afetaria seu desenvolvimento psicomotor e cognitivo, como também lhe deu uma sentença: Ainá Evaristo de Brito não passaria dos três meses de vida. Ao ouvir aquelas palavras sem sentido, a mente de Conceição disparou a pensar em Joana Josefina. Nem em Oswaldo conseguia pensar. Só a imagem da mãe seria capaz de tranquilizá-la naquele 25 de abril de 1981. Cá consigo, repetia que, se sua mãe superou tantas adversidades, ela também daria um jeito. "Ter tido uma mãe amorosa, que comeu o pão que o diabo amassou e deu conta de criar os nove filhos, sem nunca abandoná-los, me preparou para viver esse afeto com minha própria filha", disse em 2022.[2]

––––––––
2 Joana Oliveira, "Conceição imortal", *Revista Claudia*, nov. 2022.

Os primeiros sete anos de Ainá foram particularmente difíceis, entre idas e vindas de prontos-socorros e hospitais; qualquer resfriadinho evoluía rapidamente para um quadro de pneumonia, qualquer queda corriqueira poderia afetar sua locomoção. Foi por ela que Conceição trancou a faculdade, afastou-se dos encontros do movimento negro e pediu para ser alocada em uma escola mais próxima de casa. "Era muito difícil, me demandava muito o tratamento de Ainá e eu tinha receio de que ela ficasse com outra pessoa", lembra. "O que me importava naquele momento era cuidar de Ainá."

Oswaldo, por outro lado, duvidou de todos os diagnósticos alarmantes. Sua reação era entendida pelos médicos como um estado de negação, mecanismo de defesa comum em situações traumáticas. Talvez fosse algo mais. Durante os oito anos que viveu ao lado da filha, ele sempre acreditou que a menina seria capaz de se desenvolver de forma saudável e trilhar um caminho feliz. Era uma fé que estava para além do explicável. "Ele tinha uma força espiritual que foi importante no desenvolvimento da nossa filha", lembra. Oswaldo buscava força no seu axé. Ele sabia que o tempo de Ainá seria outro.

DESCONCERTANTES MISTÉRIOS

O pai criou uma conexão única com a filha. Embora Conceição representasse esse primeiro laço de Ainá com o mundo e com quem ela passava a maior parte dos dias, Oswaldo era quem ela ansiava encontrar. Sua chegada em casa era sempre motivo de festa. Quando mãe e filha iam juntas ao tradicional Amarelinho, na Cinelândia, a menina já olhava as mesas à procura do pai. A família tinha um lugar cativo, do lado esquerdo do restaurante. Até hoje, Conceição tem a memória muito vívida de ver a criança se levantar da cadeira e correr para os braços de Oswaldo.

Conceição se lembra do marido com muita tranquilidade e muito carinho. Sorri ao se lembrar dos momentos vividos, desvia o olhar quando precisa tocar na passagem de Oswaldo. O intervalo de mais de trinta anos a conformou, sem a consolar completamente. Falar da morte de Oswaldo é reviver um período de sofrimento, em que ela olhava diariamente para Ainá e sofria ao precisar imaginar um futuro. Sua mente duelava consigo mesma, esbarrava no niilismo e na certeza de que aquela criança só podia contar com ela. Ainá era a herança que o marido havia lhe deixado. Uma herança que a abraçava e chorava a ponto de soluçar – "um choro tão profundo, tão dolorido", lembra. Uma herança que havia adquirido uma linguagem própria, ainda não sabia usar as palavras para se expressar. "Ela tinha 9 anos, mas com a defasagem cronológica ela tinha idade mental de uns 4 anos. Foi um período em que praticamente ninguém falava nada naquela casa."[3]

DEPOIS DE PUBLICAR SEUS primeiros poemas nos *Cadernos negros*, a Conceição escritora se impôs. Ela passou a escrever sistematicamente, ainda que de forma entrecortada, pela maternidade, pelo magistério, pelo cuidado com a casa, pelo cansaço. Virginia Woolf já nos alertava na década de 1920 que mulheres que quisessem escrever ficção precisavam de dinheiro e de "um teto todo seu"[4] – apesar de a frase ser bem burguesa e a trajetória de várias escritoras negras comprovarem que nós não *precisamos* disso para escrever, talvez nossos processos pudessem ser, de fato, bem menos penosos.[5] Se Conceição não tivesse

---

3 Paola Deodoro, "Conceição Evaristo: 'O importante não é ser a primeira mulher negra na ABL. Mas abrir perspectiva'", *Marie Claire*, 8 mar. 2024.

4 Virginia Woolf, *Um teto todo seu*, 2014.

5 Miriam Alves, "Na companhia de Maréia", *Revista Piauí*, maio 2020.

DESCONCERTANTES MISTÉRIOS

encontrado na escrita uma forma de superar o luto, se não tivesse passado a se dedicar a isso de forma quase obsessiva, se a realidade material precária tivesse se imposto sobre seus sonhos, de que outra forma conseguiria se tornar escritora?

Em meio a esse longo período, Conceição começou a escrever *Ponciá Vicêncio*. "Eu não sei exatamente quando surgiu a escrita de *Ponciá*, mas foi no momento em que eu estava vivendo uma grande perda, que foi o falecimento do meu marido. E hoje eu fico pensando, talvez seja por isso que *Ponciá* é um texto tão cheio de perdas", reconheceu em 2018.[6] Finalizado, o romance permaneceu na gaveta por oito anos. Serviu apenas como uma forma de lidar com a dor.

Num intervalo de dezessete anos, entre 1990 e 2007, Conceição participou de doze números dos *Cadernos negros*, intercalando a publicação de contos e poemas;[7] o que demonstra seu comprometimento com a nova carreira apesar de todos os obstáculos. Um de seus primeiros reconhecimentos como escritora ocorreu primeiramente no exterior, quando foi convidada para participar de um evento em Viena, na

---

6 Vagner Amaro e Henrique Marques Samyn, *Quando eu morder a palavra*, 2023, p. 31.
7 Omar da Silva Lima, "Conceição Evaristo", [s.d.].

década de 1990, antes mesmo de lançar seu primeiro livro. Entre os autores brasileiros, a organização convidou dois escritores brancos aclamados – Marina Colasanti e João Ubaldo Ribeiro – e quatro escritores negros conhecidos entre os leitores dos *Cadernos* – Geni Guimarães, Miriam Alves, Cuti e Conceição Evaristo. Foi a primeira vez que Conceição viajou de avião para fora do país. Quando voltou para casa, pensou que seria vista com outros olhos pela crítica nacional. Que nada. "A imprensa não escreveu uma nota sobre esses escritores negros 'desconhecidos'", contou.[8]

Seu livro de estreia foi lançado quase uma década após essa viagem, em 2003, no que representou a primeira virada de chave em sua carreira literária: *Ponciá Vicêncio* chamou atenção do meio acadêmico, fazendo surgir uma profusão de artigos e discussões a partir da obra. Em *Ponciá*, Conceição se apropria do modelo ocidental do romance de formação para subvertê-lo. Os ciclos vividos pela protagonista configuram-se como uma paródia. De um lado, um herói masculino deixa a casa dos pais,

---

8 Conceição Evaristo, "Roda Viva | Conceição Evaristo | 06/09/2021" [vídeo], 2021.

DESCONCERTANTES MISTÉRIOS

conhece outra realidade e volta ao lar completando seu aprendizado; do outro, Ponciá e sua formação espiralar. No caminho da protagonista, não há boas almas que se compadecessem com a negrura de sua pele, tampouco com sua juventude – a patroa para quem trabalha e o marido com quem se casa nada acrescentam em sua formação; pelo contrário, sugam sua vivacidade e seus sonhos de menina. É a memória coletiva, herdada por seus ancestrais, que a conduzirá ao seu amadurecimento. A procura de Ponciá é outra, muito diferente dos heróis romanescos do cânone ocidental.[9]

Ponciá Vicêncio talvez seja a obra-prima de Conceição. Demonstra o domínio da técnica narrativa contemporânea, permeado por uma linguagem poética, e dialoga com outros grandes clássicos da literatura brasileira. *Ponciá* tem comovido não só o leitorado, mas também parte da academia – que, além de adotar a obra em seus concursos, tem convidado a escritora a dar palestras e conferências sobre o romance. O contato com o público é tão intenso que, por vezes, os nomes da escritora e da personagem se

---

9 Aline Alves Arruda, "Ponciá Vicêncio, de Conceição Evaristo", 2021.

confundem. Conceição brinca que, nesses momentos, quase sente vontade de autografar um exemplar como Ponciá Evaristo.

Quando reli o livro nos últimos meses, atraiu minha atenção sua dedicatória: a Maria Inês, irmã mais velha da escritora, que foi diagnosticada com esquizofrenia e há anos seu comportamento se assemelha ao da protagonista, ensimesmada no próprio mundo; e a Ainá, "que veio com seus mistérios para engrandecer a minha vida". Reli então cada trecho pensando nas pistas que Conceição havia nos dado: o mistério e a "loucura", qualquer tipo de comportamento que não se enquadre no que é considerado tipicamente "normal".

Enquanto a cultura eurocêntrica busca a raiz dos segredos, dos traumas, da felicidade, as filosofias africanas têm uma predisposição para lidar com o mistério e o encantamento. O mistério assume papel preponderante na literatura de Conceição, tanto que os contos de *Histórias de leves enganos e parecenças* são escritos na tentativa de reconhecer os elementos de realismo mágico também como uma estratégia de sobrevivência. "Se os grupos oprimidos não contarem com isso, eles não contam com mais nada. Foi muito dentro dessa ideia de aproveitar, de reconhecer o valor do mistério até como suporte emocional para a hora de sofrimento", explicou.[10] O mesmo ocorre com Ponciá. Toda a trajetória da personagem indica sua capacidade de lidar com o mistério – o que, para muitos, já representa a loucura.

Ponciá e sua família residem e trabalham no campo, nas mesmas terras que haviam sido de Coronel Vicêncio, escravizador de seus avós que, como marca de poderio, deu seu sobrenome aos cativos. Embora seus pais tenham nascido na regência da Lei do Ventre Livre, que declarou libertos todos os filhos de escravizados nascidos a partir de 28 de setembro de 1871, a história da escravização deixa chagas em toda a família. Vô Vicêncio se desespera ao lembrar dos vários filhos que viu serem vendidos como escravizados. Com uma foice, assassina a esposa e decepa a própria mão, na tentativa de cometer suicídio. Vive o restante do tempo que lhe resta entre choros e risadas, tachado como louco. Morre quando Ponciá era ainda criança de colo e, como a benzedeira Nêngua Kainda alertara, deixa uma herança para a neta.

---

10 Vagner Amaro e Henrique Marques Samyn, *op. cit.*, 2023, p. 32.

Na juventude, Ponciá muda-se para a cidade e, tempos depois, é seguida pelo irmão Luandi, o que torna a vida de Maria Vicêncio angustiosa. A mãe sai de casa e passa a vagar pelo povoado, sem encontrar mais nenhum sentido de viver ali. Sente-se sozinha, pois, desde o falecimento de seu marido, suas únicas alegrias eram seus filhos. Com a partida deles, não trabalhava sequer com o barro, prática que havia ensinado à Ponciá e que ela passou a manusear com muita perfeição.

Como em sua comunidade de origem, a vida de Ponciá na cidade também passa a perder o sentido. A protagonista trabalha como empregada doméstica, mora na favela e é casada com um homem violento, engravida sete vezes e aborta espontaneamente todos os sete filhos. Frustrado, o marido retribui o luto com socos. Em sofrimento, Ponciá emudece e sua mente passa a funcionar em outra ordem: "Ela gastava todo o tempo com o pensar, com o recordar. Relembrava a vida passada, pensava no presente, não sonhava e nem inventava nada para o futuro. O amanhã de Ponciá era feito de esquecimento. Em tempos outros, havia sonhado tanto!"[11] Aos olhos do marido, ela havia enlouquecido.

---

11 Conceição Evaristo, *Ponciá Vicêncio*, 2017d, p. 18.

© Acervo pessoal Conceição Evaristo

Maria da Conceição foi batizada em 8 de dezembro de 1946, dia de Nossa Senhora da Imaculada Conceição – seu nome homenageia a santa celebrada na data, costume corrente na época. Quando cursou o antigo primário, no Grupo Escolar Barão do Rio Branco, uma das mais prestigiosas escolas públicas de Belo Horizonte, o ensino religioso era obrigatório. Lá, fez catequese e celebrou a Eucaristia em 1954.

A foto registra a menina de 8 anos com véu, luvas e vestido brancos segurando o certificado. O cenho franzido era de fome – fora impedida de tomar café da manhã, pois a ocasião exigia jejum absoluto.

O seio familiar de Conceição era extenso: além da mãe, padrasto e oito irmãos, incluía dois tios maternos. Osvaldo Catarino morava num quartinho à parte da casa de Joana, mãe de Conceição. Era um homem letrado que lutou na Segunda Guerra Mundial e sempre se mostrou um intenso contestador da questão racial. A ele, Conceição deve suas primeiras lições de negritude.

Na foto, de 1970, Catarino posa com as filhas Moemi, no colo, Macaé, à direita, e Mara, à esquerda. Seu ativismo inspirou não só Conceição, mas Macaé, que se tornou ministra dos Direitos Humanos no terceiro governo Lula.

Aos sete anos, Conceição mudou-se para a casa da tia Maria Filomena, a Lia, casada com Antonio João, o Totó. A decisão foi motivada pela certeza de que sobraria um prato de comida para os irmãos. Lia, servente da Biblioteca Pública de BH, aproximou ainda mais a menina dos livros e ajudou a suavizar seu vazio paterno. Totó, pedreiro, trazia as marcas da escravização em sua memória. Congadeiro, ensinou à sobrinha que o festejo expurga o passado e nutre o futuro.

Lia não teve filhos, mas sempre esteve rodeada de crianças. Os Evaristo sempre foram exímios contadores de histórias, característica que sempre encantou Conceição. Eram os causos dos tios e da mãe que alimentavam sua fértil imaginação.

Na foto, Conceição, adolescente, está ao centro, com Lia à direita. À esquerda, é possível distinguir a blusa de Totó, que posa à sombra da soleira da porta. Apesar da baixa visibilidade do rosto de Totó, este é um dos poucos registros dos três juntos, talvez o único na fachada da casa.

Imagens | © Acervo pessoal Conceição Evaristo

Na foto, Lia com as filhas de Catarino, Mara, à esquerda, Moemi, no colo, e Macaé, no canto à direita. Eliane Silva – sua neta por afinidade, pois filha de sua enteada – aparece à direita de Lia. A foto estampa a terceira edição de *Becos da memória*, romance com diversos personagens inspirados em sua família, como Tio Totó, Maria-Velha e Mãe Joana.

SAMBA-FAVELA

Este artigo foi escrito por uma jovem operária que vive na favela, e que tem conseguido estudar, mantendo-se pelo trabalho de doméstica. O que vemos neste trabalho, podemos observar que é fruto de uma convivência autêntica no meio pobre e de uma educação vital que o movimento "Juventude Operária Católica" tem proporcionado a esta jovem MARIA DA CONCEIÇÃO EVARISTO. Para nós cristãos, a realidade concreta sempre é um apêlo de Deus.

•

As casas são amontoadas umas ao lado das outras. Casas não, casuas. Amontoados de tábuas, latas e papelões, becos sem saída, fétidos, sujos, imundíces. Mas quem mora ali, não é bicho. É gente que sonha, anseia, sofre, ri e que, às vêzes também é feliz.

Em cada casua daquela vivem três, quatro, cinco e até mais pessoas: pais, mães, filhas, tias, conumbências humanas que a primeira vista podem parecer monstros, mas talvez mais humanas que outras.

Naquela casa, sim para eles a casa, e tal: moram o pai, a mãe e seis sete filhos. Na verdade eram nove: a filha mais velha casou-se e a outra moça com a tia. O pai é pedreiro, constrói os mais belos prédios, dá o máximo à vida do menino. A mãe é tudo, é lavadeira também. Mas é difícil, na sua casa não tem água, não tem luz, ela então cata papel. Você, às vêzes a ve passar na rua e a chama de negra suja, vagabunda etc. Mas não, aquilo é o trabalho dela. Olha que comprará muito mais do que levar num papou porque enquanto cata papel, acha uma pouco de bugulhos que você joga fora, mas que para ela é muito. Resto de carnes, panos, lenhas, latas e até brinquedos para os filhos.

Ah, e você soubesse o mundo de sonho que carrega uma mãe favelada em relação aos seus filhos!... Há de tudo na favela, mas o que mais existe é pobreza e samba.

Há muito samba!

Samba-pobre, samba-tristeza, samba-alegria. Samba tristeza da mãe que ao amanhecer o dia não tem nada para dar aos seus filhos, da mãe que sua filha perder-se, prostituir-se. Samba-tristeza da mãe que tem de abrir a porta para a polícia entrar, espancar e levar seu filho, porque êle é ladrão, maconheiro. Samba-tristeza da filha que vê sua mãe tôdas as noites variar de companheiro, da moça que ve o rapaz que a deflorou, ajuntar seus trapos para procurar outra menina em outra favela talvez. Samba-revolta do operário que trabalha, que luta, que constrói aquele bonito prédio no centro da cidade, e quando chega a tarde, sobe cansado para sua favela, seu barraco que, chegando a chuva, pode cair de uma hora para outra. Samba revolta daquele moço que rouba, que já foi prêso vária(vmid)(cegishbb)(ZjaO brdlu mriu mij hgyd) c vêzes. Mas há ladrões piores do que êle. São muitos os donos de fabricas, muitos dos empresários que lenta e escondidamente roubam dos operários e do povo através do lucro absurdo e excessivo, e que quando ninguém pune.

Samba-revolta do menino que termina todo o primário, nem pensa mais em estudar. Estudo é para o rico e êle é pobre, pobre e favelado. Samba-revolta da lavadeira, daquela mulher que trabalhou a vida inteira e hoje nada tem.

Ah! não vale a pena ser honesto. Quem é honesto não fica rico. Se trabalhar fosse remédio honra, o burro teria milhões de medalhas.

Samba-esperança de que as coisas melhorem, quem sabe no mês que vem sai o aumento

quem sabe a prefeitura põe mais uma torneira aqui?!

Então a água aumenta, a gente pode lavar mais roupa e ganhar mais dinheiro.

Quem sabe, um dia eu poderia estudar, ser aviador, ser médico ou engenheiro?!

Quem sabe, serei até presidente? Ah! se um dia eu fôr presidente dos operários, dos favelados.

O samba-esperança, é mais dos meninos, das crianças; as crianças sempre vêm saída para tudo. Elas sempre sonham. Sonham com o dia em que em vez de serem carregadores na terra, estarão também fazendo compras; sonham com o dia em que poderão comprar caminhões de maçãs.

— Hum!... Maçã é tão gostosa!... Mas e' não cará!...

Sonham com o dia em que ganhardo presentes, como ganham os filhos dos ricos no Natal.

Sonham!

Será que Papai Noel não gosta dos meninos favelados? Um dia eu vou ter um velocípede igual ao do Roberto! Mas aqui não dá, não tem lugar para velocípede. Tenho de morar numa casa onde haja passeio, calçada.

Samba esperança de um dia... um dia... Quando?... Quando? Mas há também samba alegria, alegria, sim: depois de mais de dois anos de desempregado, o Antônio conseguiu ser fichado na daquela construção. Depois de três anos consecutivos no primeiro ano, catuando no mesmo livro, Zezé passou para o segundo ano, embora seja o quarto ano que está no grupo.

Menino da favela é burro, é?

Não, não é, mas é subalimentado. "Tomara que chegue a hora da merenda! Esbeca com uma fome... Esta minguarinho, bem..." Criança favelada é filha de pais analfabetos que não sabem ler aquele bilhete que a professôra escreveu, que não sabem assinar o boletim, não sabem responder as perguntas que os filhos fazem e se sabem ficam em dúvida.

— "Pai, como escreve cinquenta em algarismo romano?"

— "Não sei, Zé, não sei..."

— "Mãe, como escreve pássaro?"

Pensa quase dez minutos e ainda responde em dúvida. "Pássaro escreve com dois sses". E fica pensando: "será que ensinei certo? Escreve com dois sses ou com c?"

Samba-alegria, quando a filha casou de véu e grinalda, virgem. É tão difícil casar uma menina virgem na favela, uma menina virge-a, ainda mais sendo filha de mãe solteira! Mas uma não solteira, muitas vêzes, tem muito mais moral do que certas "madames de sociedade".

Samba-alegria dos meninos que chutam aquela bola de pano, mas que pensam estar no Mineirão e cada um se sente um segundo Pelé.

Há samba brasileiro, mas há mais samba africano, samba de morro, homens batucando cantando, dançando; alguns não cantam, apenas cambaleiam porque estão bébados.

Uma batucam no balcão, outros nas caixas de fósforos, ou nas próprias palmas das mãos, batucam a rústica de suas próprias vidas, música com nuances de tristezas, revelas, esperança de vezes muito entusiasmo, Esperança mais não deixa de ser esperança...

uns batem no balcão, outros nas caixas de fósforos, ou nas próprias palmas dos mãos, batem a música de suas próprias vidas. Música com nuances de tristeza, revolta, esperança, às vêzes demuito. Esperança vê mas que não de ser esperança...

Diário Católico
6 2-68

A gênese de *Becos da memória* está na experiência de desfavelamento do Pindura Saia na década de 1970. Mas é possível identificar uma espécie de rascunho nas linhas de "Samba-favela", redação escolar escrita por Conceição em 1968 e publicada no mesmo ano no *Diário Católico de Belo Horizonte*. O texto exalta a favela ao mesmo tempo que apresenta sua precariedade, revelando o olhar crítico da jovem em plena ditadura militar.

Após concluir o magistério, Conceição, frustrada com a falta de concursos em BH, prestou um certame para a cidade do Rio de Janeiro. Mudou-se em 1973 sabendo que havia passado, mas antes de ser convocada. O período coincidiu com um recrudescimento do regime militar e a perseguição a membros da Juventude Operária Católica, grupo que Conceição integrou.

© Acervo pessoal Conceição Evaristo

A foto dessa época a retrata com um *black power*, inspirado em Angela Davis, líder revolucionária, e de braços dados com suas figuras maternas: a mãe, Joana, à esquerda, e tia Lia, à direita. Ao fundo, vê-se Maria de Lourdes, a Nui, sua irmã.

No Rio, as paredes de concreto esmagavam a mineiridade de Conceição. Sentia-se muito só, mas nessa cidade construiu sua carreira como professora, escritora e ativista – até então, sua visão sobre a opressão de classe baseava-se numa ideia muito cristã e que pouco mergulhava nas questões raciais. Tudo mudou quando ingressou no Instituto de Pesquisas das Culturas Negras e no Negrícia, coletivo de poesia. Na foto, a primeira versão de "Mineiridade", ainda sem título, escrito em 1976 e que só seria publicado em 1990, em sua estreia nos *Cadernos negros*.

```
Quando chego de Minas
trago sempre um gosto na boca de terra
chego aqui com o coração fechado
um "trem" esquisito no peito.
meus olhos chegam divagando saudades
meus pensamentos cheios de "uais"
e esta cidade aqui me machuca
me deixa maciça, cimento
e sem jeito.
chegando de Minas
trago sempre biscoitos nos bolsos
queijos, quiabos babentos
da calma mineira.
é duro, é triste
ficar aqui
com tanta mineiridade no peito.

                              m.c.e. Rio 3/3/76
```

Imagens | © Acervo pessoal Conceição Evaristo

Conceição conheceu seu grande amor em 1976, caminhando às pressas no Centro do Rio rumo ao *campus* da UFRJ na Avenida Chile. Trocou olhares com um homem negro, alto e "muito, muito bonito". Oswaldo se aproximou da jovem e a chamou para um encontro naquele mesmo dia na Praça XV. Atordoada e ainda sem lembrar a feição do rapaz, reconheceu-o, horas depois, pelo olhar. Enquanto ela estreitou os laços de Oswaldo com organizações que atuavam para e com a população negra, ele despertou nela o encanto pelo samba e pelos orixás.

Imagens | © Acervo pessoal Conceição Evaristo

O romance com Oswaldo avançava, mas Conceição demorou a perder o pessimismo – para ela, era certo que o namoro não vingaria. Em 1979, Oswaldo mudou-se para o apartamento que ela dividia com amigos. No ano seguinte, casaram-se em uma cerimônia simples, apenas para cumprir o rito, e foram morar no tradicional bairro do Estácio, reduto do samba carioca.

Na foto, de 1980, registrada por Rogério, irmão de Oswaldo, Conceição está grávida de Ainá, primeira e única filha do casal.

Ainá Evaristo de Brito nasceu em 25 de abril de 1981. No mesmo dia, uma nuvem turva de preocupação rondou o casal: a bebê nasceu com uma rara deficiência genética que afetaria seu desenvolvimento psicomotor e cognitivo. As projeções do obstetra indicavam que ela não

passaria dos três meses de vida. Ainá, entretanto, significa aquela que não deve ser vencida em iorubá – o mesmo idioma dos orixás nagôs. Em 1989, quem a morte levou precocemente foi Oswaldo, por conta de um infarto, quando a menina tinha 8 anos e Conceição, 43.

A chegada de Ainá coincidiu com a época em que Conceição conciliava a graduação e seu trabalho de professora. Como os primeiros sete anos de vida da filha foram os mais difíceis, e a bebê era sua maior prioridade, precisou desacelerar. Trancou a faculdade, afastou-se dos encontros do movimento negro e solicitou ser realocada para uma escola mais perto de casa. Hoje, tem dois endereços no Rio: um no Morro da Conceição, no Centro da capital, onde fica quando tem compromissos na cidade, e outro em Maricá, região metropolitana, onde mora com Ainá, com quem passa todo seu tempo livre.

© Adriana Medeiros/Acervo ONG Criola

© Arquivo Nacional/Fundo Maria Beatriz Nascimento

Em 1990, a escritora se impôs. Conceição estreou com seis poemas nos *Cadernos negros*, uma das mais importantes publicações de autoria afro-brasileira, do coletivo Quilombhoje. Tornou-se uma colaboradora contumaz. Esteve em doze números da publicação num intervalo de dezessete anos, com contos e poesias.

A foto de 1994 mostra Conceição em seu primeiro ano de mestrado. Um ano depois, cunharia o termo "escrevivência". No verso, ela dedica a foto à amiga Beatriz Nascimento, pesquisadora que revolucionou o ensino de história no país. A ela, Conceição dedicaria também o poema "A noite não adormece nos olhos das mulheres".

© Acervo pessoal Conceição Evaristo

Em 2014, quase cinco décadas depois de ser apresentada ao pensamento de Angela Davis, Conceição a encontrou pessoalmente em Brasília, quando a intelectual estadunidense veio apresentar a conferência "Feminismo negro e as lutas mundiais por equidade". Na ocasião, Conceição presenteou Davis com uma edição em língua inglesa de seu romance *Ponciá Vicêncio*.

© Câmara Brasileira do Livro/57º Prêmio Jabuti 2015

O registro de 2015 mostra Conceição na noite de entrega do Prêmio Jabuti, quando a escritora foi agraciada com a estatueta de melhor livro de contos por *Olhos d'água*. No início do mesmo ano, o papel de destaque que ocupou na comitiva brasileira do Salão do Livro de Paris chamou a atenção da nossa imprensa. Conceição publicou, na ocasião, a primeira edição em francês de *Ponciá Vicêncio*; contudo, ainda era pouco conhecida no Brasil fora das rodas dos movimentos negro e feminista.

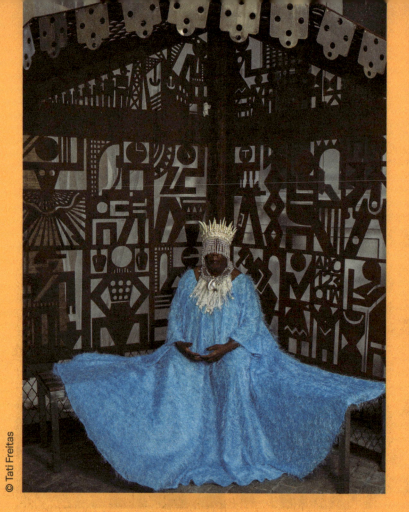

© Tati Freitas

Entre as referências à mitologia dos orixás, Oxum é a divindade prevalente na sua literatura: é dela a fertilidade, a beleza, o erotismo, a maternidade. Apesar de ter crescido católica, Conceição professa uma fé eclética e tem a convicção de que o cristianismo sozinho não preenche os vazios deixados pelo racismo.

Na foto, a escritora está vestida como uma *iyabá* das águas – para alguns, Oxum; para outros, Iemanjá – para o ensaio fotográfico que marcou o lançamento da coleção "Olhos d'água", da estilista Mônica Anjos, no Museu Nacional da Cultura Afro-Brasileira, em Salvador, em julho de 2024.

Após sua primeira participação na Feira do Livro de Paris, Conceição retornou ao evento quatro anos depois, como um dos nomes mais prestigiosos das letras nacionais. Finalmente passou a ser celebrada não só no exterior, mas também em sua terra natal.

No registro de 2019, a escritora posa ao lado de um cartaz que anuncia o lançamento da edição francesa de *Poemas da recordação e outros movimentos*. Nesse mesmo ano, no Brasil, o Prêmio Jabuti elegeu Conceição como a personalidade literária do ano.

Em agosto de 2017, por iniciativa de Marielle Franco, a Câmara Municipal do Rio de Janeiro concedeu a Conceição a Medalha Pedro Ernesto, maior honraria da casa parlamentar. "Conceição Evaristo tinha que constar das bibliografias escolares. Sua narrativa é cortante, resgata nossa ancestralidade, contagia corações e mentes", afirmou a vereadora. Compareceram à cerimônia personalidades importantes, como a ialorixá Mãe Meninazinha de Oxum, a ativista e diretora da Anistia Internacional Brasil Jurema Werneck, a então vereadora Talíria Petrone e a jornalista Flávia Oliveira.

Em julho de 2023, mês em que se celebra o Dia Nacional de Tereza de Benguela e o Dia Internacional da Mulher Negra Latino-Americana e Caribenha, Conceição inaugurou a Casa Escrevivência. Localizada na Saúde, bairro que integra a Pequena África carioca, a casa exibe o acervo bibliográfico e artístico da autora. Seu desejo é que se torne um lugar para lançamentos de livros de outras autorias e onde pesquisadores que estejam de passagem possam pernoitar. Antes mesmo da inauguração, a casa foi reconhecida pelo Iphan (Instituto do Patrimônio Histórico e Artístico Nacional) como parte do Comitê Gestor do Sítio Arqueológico Cais do Valongo, que é reconhecido como Patrimônio Mundial pela Unesco.

© Beatriz Araújo

© Alex Brito

Em novembro de 2023, ao lado de artistas como Alcione, Liniker e Margareth Menezes, Conceição tornou-se imortal na Academia Brasileira de Cultura. Um dos destaques da noite foi seu discurso de posse, em que desafiou a gramática normativa para marcar sua resistência ao poder hegemônico. No púlpito, ela entoou "a gente combinamos de não morrer".

Na foto, Conceição e a atriz Luana Xavier posam de fardão durante a cerimônia.

© Márcia Maria Cruz

No ano seguinte, em fevereiro de 2024, Conceição Evaristo se tornou imortal pela segunda vez ao tomar posse na Academia Mineira de Letras, ocupando a cadeira nº 40.

Na foto, ao lado direito de Conceição estão Maria Esther Maciel e Ailton Krenak. Ao lado esquerdo, Maria Antonieta Cunha e José Fernandes Filho. De pé, da esquerda para a direita: Luís Giffoni, Wander Melo Miranda, Caio Boschi, Jacyntho José Lins Brandão, J. D. Vital, Patrus Ananias, Angelo Oswaldo de Araújo Santos, Carlos Bracher e Rogério Faria Tavares.

A edição de 2023 do Troféu Juca Pato, a mais notória premiação brasileira que homenageia pensadores, nomeou Conceição Evaristo como a intelectual do ano. Conceição foi a primeira mulher negra a receber a honraria, concedida pela União Brasileira de Escritores. Na foto, recebe o troféu ao lado das escritoras Lívia Sant'Anna Vaz e Eliana Alves Cruz.

© Kevem Willian

Cansadas de uma ABL (Academia Brasileira de Letras) esbranquiçada, diferentes ativistas sugeriram a candidatura de Conceição Evaristo em 2018. Os abaixo-assinados a seu favor reuniram mais de 40 mil assinaturas, fazendo daquele o pleito mais popular da história da instituição. Conceição candidatou-se à Casa, cumprindo os requisitos do estatuto, mas não ofereceu convescotes aos imortais. Obteve um só voto.

Na foto de abril de 2024, ela comemora a posse do amigo Ailton Krenak, o primeiro indígena a entrar na ABL. Ao fundo, Irani Krenak, esposa do escritor.

© André Feltes/ABL

Joana, lavadeira, pôde acompanhar muitas conquistas acadêmicas da filha, como o título de mestre em letras pela PUC-Rio, o de doutora em literatura comparada pela UFF, e seus anos de docência na rede municipal, que garantiram, além do sustento de Conceição no Rio, o envio de uma quantia mais generosa à família em Minas. Presenciou o reconhecimento literário da filha, assistindo a várias de suas entrevistas na TV e participando, como entrevistada, da Ocupação Conceição Evaristo, no Itaú Cultural. O fruto de seu ventre havia vingado – nas muitas acepções da palavra. Em 2021, às vésperas de completar 99 anos, Joana foi promovida a ancestral.

© Acervo pessoal Yasmin Santos

O primeiro encontro de Yasmin com Conceição no Museu de Arte do Rio, em junho de 2019. A jovem, então com 21 anos, teve seu exemplar de *Olhos d'água* autografado e pôde abraçar a escritora. Sentia-se, assim como tantas meninas negras que escrevem, tributária de suas águas. A escrevivência de Conceição Evaristo é feitiço que afasta o banzo.

Quando retorna para sua terra natal, Ponciá reencontra sua família e recebe como herança a construção de sua própria identidade. Se antes as memórias daquelas terras lhe traziam dores, inquietações e dúvidas sobre ela mesma, passam agora a trazer harmonia interior: "Andava como se quisesse emendar um tempo ao outro, seguia agarrando tudo, o passado-presente-e-o-que-há-de-vir."[12]

"EU FALEI ASSIM pra ela: 'Ainá, eu vou esquecer que você existe'", me conta Conceição, rindo. Pedir a filha que esquecesse que a mãe estava em casa podia ser um pouco benéfico para as duas: Ainá poderia exercitar a autossuficiência, e Conceição, escrever com menos interrupções. A filha não entendeu a brincadeira de imediato e olhou para mãe, apreensiva, sem saber o que fazer. "É só um pouquinho, viu?", disse-lhe Conceição. Então, Ainá sorriu. Ao entender o pique-esconde imaginário, passou a fazer o mesmo com a mãe, que sempre reage com uma surpresa exagerada. "O cotidiano entre nós duas acaba sendo também uma brincadeira para ela poder entender as coisas", me explica.

---

12 *Ibidem*, p. 111.

Ainá, tal qual a mãe, não é uma pessoa caseira. Sua rotina escolar é intercalada entre aulas de pintura – é de sua autoria a obra que estampa a primeira edição de *Histórias de leves enganos e parecenças* –, competições de paratletismo – nas quais chegou a viajar pelo país – e aulas de canto – "ela tem um ouvido muito bom para música", me diz Conceição. A pandemia de COVID-19, no entanto, fez com que a filha passasse a ter muito medo de sair de casa, já que ela e a mãe estavam dentro do chamado grupo de risco. As duas passaram seis meses isoladas em Maricá, depois rumaram para Minas, onde ficaram isoladas junto de parte da família. Só agora, quatro anos após o início da quarentena, Ainá está criando coragem para retomar suas atividades. Ao falar da filha, Conceição diz, mais para si do que para mim, enquanto ajeita um enfeite sobre a mesa: "Ela é feliz. Disso eu tenho certeza."

Se a rotina de Ainá hoje é permeada de atividades, durante a infância mal havia escola em que Conceição e Oswaldo pudessem matriculá-la. As poucas que atendiam pessoas com deficiência eram privadas, com mensalidades caras para a realidade do casal, e as escolas regulares não aceitavam alunos como Ainá. Só em 1999, quando foi fundada a Escola

Especial Municipal Marly Fróes Peixoto dentro da própria ABBR (Associação Brasileira Beneficente de Reabilitação), no Jardim Botânico, que Ainá, então com 18 anos, pôde frequentar a escola regularmente. "Ainá está em outro patamar que não dá para gente medir. Ela tem uma defasagem intelectual para algumas coisas, para outras, não", me explica. "E eu me pergunto muito o que é uma pessoa sábia. Ainá tem uma sabedoria que talvez eu não alcance."

Numa entrevista do início de 2023, Conceição disse uma frase tipicamente maternal ao se referir ao crescimento da filha: "Às vezes, eu acho que preciso muito mais estar com ela do que ela estar comigo. Eu preciso falar com ela, escutar a voz dela, para eu também me organizar internamente."[13]

À filha que insiste em lhe escapar das mãos, Conceição dedicou dois poemas: "Menina" e "Bendito o sangue de nosso ventre". O primeiro é curto, escrito em tom de súplica, extrapolando a sensação que toda mãe sente de desconhecer o próprio fruto, de não conseguir alcançar alguma parte da mente, do gosto, do jeito de ser; a sensação de que aquele pedaço de

---

13 Paula Passos, "As histórias de amor não têm fim", *Revista Continente*, 1º mar. 2023.

gente que um dia foi parte de seu ventre, agora está para além da figura materna.

> Menina, eu queria te compor em versos,
> cantar os desconcertantes mistérios
> que brincam em ti,
> mas teus contornos me escapolem.
> Menina, meu poema primeiro,
> cuida de mim.[14]

O outro foi escrito em 2000, quando a filha menstruou pela primeira vez, aos 19 anos. Com uma estrutura semelhante às ladainhas católicas, Conceição compôs uma ode ao feminino negro, não apenas pela sua capacidade de parir novas gerações, pelo exercício do cuidado com o futuro. Vejo naqueles versos o desenho de uma irmandade que entende o gestar num sentido mais amplo: gesta o futuro quem concebe uma nova escrita, gesta a esperança aquela que louva e bendiz a boa-nova. Gesta um novo mundo até mesmo aquela que, por escolha ou condição, nunca será mãe, mas sabe do que é feito o nosso líquido-lembradiço.

> Minha menina amanheceu hoje
> mulher – velha guardiã do tempo.

---

14 Conceição Evaristo, *Poemas da recordação e outros movimentos*, 2017b, p. 33.

DESCONCERTANTES MISTÉRIOS

De mim ela herdou o rubi,
rubra semente, que a
primeva mulher nos ofertou.
De sua negra e pequena flor
um líquido rúbeo, vida-vazante escorre.
Dali pode brotar um corpo,
milagre de uma manhã qualquer.

Ela jamais há de parir entre dores,
velhas mulheres vermelhecem
maravilhas há séculos
e no corpo das mais jovens
as sábias anciãs desenham
avermelhados símbolos,
femininos unguentos,
contrassinais a uma antiga escritura.

E ela jamais há de parir entre dores,
há entre nós femininas deusas,
juntas contemplamos o cálice,
de nosso sangue e bendizemos
o nosso corpo-mulher.
E ali, no altar humano-sagrado rito
concebemos a vital urdidura
de uma nova escrita
tecida em nossas entranhas,
lugar-texto original.

E em todas as manhãs bendizemos
o nosso sangue, vida-vazante no tempo.
E nossas vozes, guardiãs do templo,
entoam salmos e ladainhas

145

louvando a humana teia
guardada em nossas veias.

E desde todo o sempre
matriciais vozes celebram
nossas vaginas vertentes
veredas de onde escorre
a nossa nova velha seiva.
E eternas legiões femininas
glorificam, plenificadas de gozo,
o bendito sangue de nosso ventre,
por todos os séculos. Todos.
Amém.[15]

AS TRÊS IRMÃS mais velhas, Maria Inês, Maria da Conceição e Maria Angélica, estudaram no Jardim de Infância Bueno Brandão, em Belo Horizonte. Foi durante a Educação Infantil que Conceição passou por uma experiência traumática que impactou diretamente sua atuação como professora e também como mãe de Ainá. Como formavam uma escadinha de idades, a cada irmã coube um ano escolar diferente. A adaptação de Angélica, a mais nova das três, foi muito difícil: vivia aos prantos e se autoflagelava, arrancando fios de cabelo com a própria mão, a ponto de abrir um buraco no topo da cabeça.

---

15 *Ibidem*, pp. 34-35.

DESCONCERTANTES MISTÉRIOS

"Eu me lembro até hoje da imagem", me diz Conceição. A irmã aparecia na porta de sua sala chorando e era fortemente repreendida pela professora, que, gritando, pedia que Conceição conduzisse a irmã para a outra classe. "Eu levava, mas ela chorava tanto que eu conseguia escutar o berro da minha sala de aula. Eu só queria proteger a minha irmã." Talvez a "birra" daquela criança – que visivelmente estava em sofrimento – e a dificuldade que Angélica ainda hoje sente para se relacionar com outras pessoas não sejam algo bobo. Nunca foi atrás de um diagnóstico, mas há tempos vem pensando que poderia se enquadrar no espectro autista.

No meio do período escolar, uma aluna nova se matriculou na escola. Ela era uma imigrante europeia, uma adaptação que exigiu um cuidado especial dos professores e colegas de classe: a menina não falava português. Havia também muita curiosidade por parte das crianças; para elas, a novata tinha a imagem dos anjinhos católicos: a pele branca, os cabelos loiros, e, em sua lancheira, trazia um cacho de uvas verdes, italianas, e um doce de leite em forma de paralelepípedo. "Eu, menina, me lembro de comparar [o trato] com a minha irmã e a menina loura", ela me diz. "Minha irmã não foi acolhida. Acho que foi a primeira experiência de rejeição que eu sofri fora da minha casa."

Tamanha era a indiferença que, ao fim daquele ano letivo, a professora perguntou a dona Joana se Maria Angélica era muda.

PONCIÁ VICÊNCIO TECE UMA TEIA tendo a loucura como um ato de resistir, nos fazendo refletir sobre qual seria o funcionamento "normal", "típico" ou "adequado" de uma mente sucessivamente violentada. Até que ponto a loucura é fruto da mente de um indivíduo? Qual é o papel que as opressões de gênero, racial, sexual e de classe podem exercer sobre a saúde mental? Mas essa questão – "eu que sou insano ou é a sociedade?" – menospreza a realidade da doença mental e pressupõe o impossível:[16] que o *self* pode se desligar da sociedade que o molda.

A OMS (Organização Mundial da Saúde) estima que uma a cada oito pessoas, o que dá quase um bilhão de indivíduos em todo o mundo, vive com alguma condição de saúde mental. No primeiro ano da pandemia, houve um aumento estimado de 25% na prevalência de

---

16 Rachel Aviv, *Estranhos a nós mesmos*, 2023.

depressão e ansiedade no mundo.[17] No Brasil, dados do CFF (Conselho Federal de Farmácia) apontam que a venda de antidepressivos e estabilizadores de humor cresceu cerca de 58% entre os anos de 2017 e 2021.[18] No entanto, o tratamento a longo prazo com esses medicamentos pode ter se tornado uma cura para pessoas que se sentem inadequadas, criando uma situação paradoxal: "A medicação é investida de poderes mágicos enquanto a patologia se torna crônica."[19]

Para algumas pessoas, antidepressivos e reguladores de humor não tratam um estado psíquico interno, e sim "uma incongruência entre o *self* e estruturas externas de significado – um desajuste entre o modo como você é e o modo como esperam que você seja". Talvez parte da preocupação com medicações psiquiátricas venha do fato que, apesar de todo o bem que elas podem fazer, "as doenças que tratam são indissociáveis do lugar solitário, esquecido e insuportavelmente triste onde vivemos".[20]

---

17 Lucas Rocha, "Casos de ansiedade e depressão cresceram 25% durante pandemia, diz OMS", *CNN Brasil*, 2 mar. 2022.
18 "Vendas de medicamentos psiquiátricos disparam na pandemia", *Conselho Federal de Farmácia*, 16 mar. 2023.
19 Rachel Aviv, *op. cit.*, pp. 237-238.
20 *Ibidem*, pp. 235-236.

"De mim para mim, tenho certeza que não sou louco", escreveu Lima Barreto em 1920; "mas devido ao álcool, misturado com toda espécie de apreensões que as dificuldades de minha vida material há seis anos me assoberbam, de quando em quando dou sinais de loucura: delírio."[21] As palavras do escritor ressoavam, para mim, nas paredes daquele palácio, localizado na Praia Vermelha, na Zona Sul carioca. O prédio que havia sido o Hospício de Alienados, onde Lima ficou internado durante dois meses, tornou-se campus universitário em 1949 e, desde 1967, abriga a Escola de Comunicação da UFRJ, onde me formei em Jornalismo em 2019. Os diários do escritor já anunciavam a mudança de novos ares: "Um maluco, vendo-me passar com um livro debaixo do braço, quando ia para o refeitório, disse: – Isto aqui está virando um colégio."[22]

Foi em meio àquela arquitetura greco-romana que eu tive a minha primeira crise de ansiedade. Estava apresentando um trabalho em sala de aula quando a voz me escapou, eu balbuciava, o som mal saía da minha boca, e, de repente, meu corpo começou a tombar

---

21 Lima Barreto, *Diário do hospício & O cemitério dos vivos*, 1993, p. 23.
22 *Ibidem*, p. 87.

para trás. E então veio o álcool, como uma espécie de lubrificante social, o cigarro como uma forma de tragar a raiva, os muitos fitoterápicos, e esses antidepressivos cujas dosagens só aumentam e nunca diminuem. Qualquer coisa para aplacar a sensação de despersonalização, de não fazer parte de um ambiente tão hostil quanto a Zona Sul carioca. Todo o investimento que minha família havia feito era para que eu pudesse estar ali, e aquele lugar – assim como a minha carreira no jornalismo – me violentava de formas que eu desconhecia até então.

AS INSTITUIÇÕES DE saúde mental não são projetadas para tratar os tipos de transtorno que resultam de ser marginalizado ou oprimido por gerações. A psicoterapia raramente é considerada "um lugar de cura útil para afro-americanos", escreveu bell hooks.[23] Para que uma paciente negra revelasse seus medos e fantasias a um terapeuta, especializado em uma área dominada por brancos de classe média, seria preciso um nível de confiança difícil de ser conquistado.[24]

---

23 bell hooks *apud* Rachel Aviv, *op. cit.*, p. 145.
24 John Head *apud* Rachel Aviv, *op. cit.*

"Muitos de nós, negros, receiam que falar sobre nossos traumas por meio da linguagem da doença mental leve a uma interpretação enviesada e a um enfoque da experiência negra como patologia, de modos que poderiam corroborar e sustentar nossa contínua subordinação", argumenta a teórica feminista.

Em *Estranhos a nós mesmos*, a jornalista estadunidense Rachel Aviv recupera trajetórias de cinco pessoas que se depararam com os limites dos recursos psiquiátricos e estão à procura da escala certa de explicação – química, existencial, cultural, econômica e política – para entender quem são. O caso de Naomi Gaines em muito me lembra o de Vô Vicêncio.

Todo o terror que o racismo imputava a Naomi foi intensificado quando a jovem se tornou mãe: não conseguia conceber a ideia de uma sociedade em que o destino de seus dois filhos gêmeos pudesse ser selado por um Estado necropolítico. Sentia que ela e os filhos tinham duas opções: uma morte misericordiosa ou uma morte torturante. Em 2003, no Dia da Independência dos Estados Unidos, ergueu seus meninos um por vez, os beijou e os jogou por cima do parapeito de uma ponte. E, então, subiu nele e caiu para trás de braços abertos. Durante a queda, gritou: "Liberdade!" Mãe e bebês foram socorridos por um homem que passava por baixo da ponte. Em grande medida, Naomi estava fisicamente ilesa. "Dói por dentro", desabafou ao ser levada para o hospital. "As pessoas querem dar as costas. Varrer mulheres e crianças, jovens pobres de pele escura. Mantê-los debaixo do tapete, esquecer que existem."

Ao receber a notícia de que apenas um dos filhos sobreviveu, Naomi chorou. "Não queria fazer mal a meus bebês", disse, "meu filho não importa para *eles*". O episódio foi atribuído a um quadro de psicose, e a mulher foi encarcerada. Se não do Estado, de quem é a culpa pela tentativa de suicídio de Vô Vicêncio, na ficção evaristiana, e Naomi, na realidade afro--diaspórica?

Para Conceição, mais do que o relato, centrado na vida de uma mulher descendente de africanos escravizados, *Ponciá Vicêncio* traz um dado que é comum a todo ser humano: a solidão, o que leva diferentes leitores a reconhecer nela o próprio sentimento. "É uma personagem que a psicologia centrada nas teorias eurocêntricas não dá conta", disse num vídeo publicado em 2020.[25] "Muitos leem e falam que ela era louca. Ao chegarem ao fim do livro, perguntam-se:

---

25 Conceição Evaristo, "Video Ponciá Vicêncio" [vídeo], 2020.

'Ela enlouqueceu mesmo?' Ponciá Vicêncio se torna plena quando encontra a ancestralidade."[26] Noutra ocasião, em 2018, afirmou que entendia a loucura como um mistério. "Para mim, Ponciá tinha uma capacidade de lidar com os mistérios que o entorno não tinha. E eu gosto dessa ideia e gosto de pensar também numa ancestralidade que pode não ter sido cuidada, não ter sido recepcionada e está aí pedindo espaço, pedindo o seu lugar."[27]

A mudez de Ponciá, o vagar de Mãe Maria, a farda de Luandi e o pranto de Vô Vicêncio formam um caleidoscópio da "resistência teimosa e muitas vezes silenciosa do negro, travestida de uma falsa obediência ao branco".[28] Sozinhos, perdem-se em suas próprias narrativas, mas juntos retomam a gira espiralar – assim como Ogum, orixá tão semelhante ao arquétipo de Ponciá, precisou se encantar pela dança de Oxum para retornar à cidade.[29]

* * *

---

26 Helton Simões Gomes, "Origens: Conceição Evaristo", 2021.
27 Vagner Amaro e Henrique Marques Samyn, *op. cit.*, p. 28.
28 Conceição Evaristo, *op. cit.*, 2003, p. 107.
29 Reginaldo Prandi, *Mitologia dos orixás*, 2000, pp. 321-323.

DESCONCERTANTES MISTÉRIOS

ÀÌNÁ É, SEGUNDO A tradição iorubá, um *orúkọ àmútọrunwá*,[30] nome vindo do céu, ou melhor, do orun para o aiê. É assim nomeada aquela que nasce com o pescoço envolto pelo cordão umbilical.[31] Embora hoje se saiba que essa é uma condição comum e que se desenvolve de forma benigna, na maioria dos casos,[32] um bebê que vem ao mundo enrolado no elo maternal era entendido como sinônimo de força e perseverança. Nascer com o cordão umbilical no pescoço simboliza também o próprio fio de contas,[33] exaltando sua relação direta com alguma divindade do panteão iorubano.

A máxima "as condições de um lar determinam o nome de uma criança" (*ilé làá wò kat́ sọ ọmọlórúkọ*) demonstra como a nomeação está diretamente ligada a um contexto sociocultural. Para os iorubá, um nome não é apenas um meio de identidade individual; tem efeitos sociais, psicológicos e comportamentais

---

30 Omọ́bọ́lá Agnes Aládésanmí; Ìbùkún Bọ́láńlé Ògúnjìnmí, "Yorùbá Thoughts and Beliefs in Child Birth and Child Moral Upbringing", 2019.
31 Taiwo Ehineni, "The Ethnopragmatics of Yoruba Personal Names", 2019.
32 Victor Kuaiva *et al.*, "Constrição de cordão umbilical como causa de morte fetal intrauterina", 2021.
33 "The Yorùbá Name 'ÀÌNÁ'", [s.d.].

na vida do portador;[34] de forma que essa não é uma escolha que pode ser feita de forma indiscriminada pela família. O épico *Um defeito de cor*, de Ana Maria Gonçalves, narra esse uso na ficção afro-brasileira: Taiwo é a gêmea que nasce primeiro, e Kehinde, a caçula; assim como Banjokô é o nome escolhido para distrair um *abiku* da morte.

Cada criança nascida na região cultural iorubá, que hoje compreende parte da Nigéria, de Togo e do Benim, era saudada com um *oriki* próprio, uma espécie de poema ou louvação em versos – Àìná era assim chamada *Ẹni tí a ò gbọdọ̀ nà* (aquela que não deve ser vencida). Os orikis, em território brasileiro, estão muito relacionados aos cânticos dos orixás. Na cultura iorubá, essa é uma arte que se mantém dinâmica e intergeracional, que serve para exaltar tanto o ori (a cabeça) daquele que nasceu quanto dos que o antecederam, sua ancestralidade: "É uma 'janela' de memória que se abre sobre o passado coletivo."[35] Os orikis narram a história e as conquistas de uma linhagem, seus deuses e deusas, seu ofício e sua vocação, seu comportamento,

---

34 Samuel Ayobami Akinruli e Luana Carla Martins Campos Akinruli, "*Ìkómo* e o processo de nomeação dos indivíduos da etnia Yorùbá", 2021.
35 Muniz Sodré, *Pensar nagô*, 2017, p. 152.

seus talentos e desafios, suas deficiências e aspirações. Ao passo que o inglês se firma como língua oficial e as novas gerações deixam de aprender o iorubá, esse bem imaterial vai se perdendo.[36]

Entre as muitas variáveis que definem um nome, os *orúkọ àmútọrunwá* dizem respeito especificamente às condições de nascimento de uma criança. Os recém-nascidos assim nomeados não recebem um nome, o nome *nasce* com eles; cabendo à família apenas a tarefa de lidar com o destino que se expôs e decidir se a criança será registrada dessa forma ou se usará o nome apenas no contexto familiar.

Àìná iorubana e Ainá afro-brasileira se encontram no início da década de 1980, após a fundação do MNU (Movimento Negro Unificado). Passam a ser difundidos com maior força e capilaridade o debate anticolonialista no continente africano e o sentido mítico da "mãe África", reivindicando uma visão e um modo de ser negros. As páginas dos jornais do MNU traziam uma série de argumentos para convencer os pais a colocar nomes africanos em seus filhos,[37]

---

36 Bunmi Fatoye-Matory, "Family Oriki: Intangible Cultural Heritage and Disappearing Art Form", *Premium Times Nigeria*, 26 fev. 2022.

37 Regina Pahim Pinto, "Movimento negro e educação do negro", 1993.

tais como Núbia, Kwame, Ynaê, Dayo, Luanda, Máli, Luedji, Orion, Kiusam e Ainá.

Talvez a ancestralidade tenha mesmo mandado alguma mensagem a Oswaldo e Conceição quando os fez esbarrar com esse nome por aí. O significado para eles era algo mais simples, trazia uma sonoridade marcadamente afro-brasileira, parecia uma versão incrementada de Anna, nome tão popular por aqui e que pode significar "graciosa". Mal sabiam eles que Ainá Evaristo de Brito era mesmo aquela que não poderia ser vencida, a mente e o corpo que desafiam o tempo cronológico, uma constante lembrança de que se deve resguardar o mistério. A "especial menina", como diz Conceição, é aquela que vinga a morte.

7. MORDER A PALAVRA

QUANDO MENINA, CABIA A Conceição a tarefa de ajudar os irmãos com os trabalhos da escola – o "para casa", como se dizia em Minas. Sentavam-se ela e os cinco meninos em cadeiras e mesas feitas com caixotes de feira no quintal. A movimentação logo passou a atrair a atenção da vizinhança, que não demorou para pedir ajuda à menina. Era a sua escolinha particular. "Algumas mães me davam um dinheirinho, um trocadinho", me diz ela, "era algo que eu fazia com muito prazer".

Pois quando concluiu o Ensino Fundamental, dada a necessidade de trabalhar para ajudar com as contas em casa, restavam-lhe apenas duas opções: magistério ou enfermagem. Conceição até tentou enveredar pela área da saúde. Dentro da JOC, chegou a fazer uma espécie de estágio numa ONG similar ao que hoje realiza a Pastoral da Criança, oferecendo serviços de pré e pós-natal. Uma das enfermeiras, tentando incentivá-la a seguir carreira, ensinou Conceição a aplicar vacinas e injeções; treinavam sempre na casca de uma laranja. "Quando eu vi um bumbunzinho de neném na minha frente, eu lembro que eu peguei a ampola para dar injeção e ela teve de me segurar. Eu quase desmaiei", ela me conta, rindo, na sala de sua casa carioca. Como se não bastasse, também não gostava de ver sangue nem aguentava ver pessoas gemendo de dor – "me dava muita gastura".

Preferiu então fiar-se nas memórias de sua escolinha particular e tentar o chamado curso normal. Matriculou-se no Instituto de Educação de Belo Horizonte em 1969 e formou-se em 1971, aos 25 anos. O Ensino Médio foi concluído sem tantas intercorrências como havia sido a segunda metade de seu Ensino Fundamental, o antigo ginásio, que reprovou ou precisou abandonar seguidas vezes – ora por seu baixo rendimento em Matemática, ora pelos "bicos" como empregada doméstica. No boletim do Instituto, alcançou o melhor rendimento em Português, iniciando os estudos com média 73 até saltar para 93,75 no terceiro ano; em Matemática e Estatística, as notas figuravam sempre no limiar necessário para ser aprovada na série: média de 57 no primeiro, e 50 no terceiro.[1]

APROVADA NO CONCURSO para professora em 1973, Conceição começou a dar aulas na Escola Municipal Leão XIII, localizada no Morro de São Carlos, no bairro do Estácio. A ela foi designada uma turma do último ano, conhecida por ter um temperamento difícil de lidar. Conceição tentou conquistar os alunos a partir da contação de histórias e invocava na sala o gesticular de mãe Joana, tia Lia e tio Totó. As crianças, que tinham entre 10 e 12 anos, jogavam duro para cima da jovem professora, como é praxe entre os pré-adolescentes, mas, aos poucos, foram cedendo aos seus encantos. Por sua influência, os alunos passaram a escrever histórias sobre si mesmos, a narrar a própria vida.

No ano seguinte, Conceição recebeu uma turma da classe de alfabetização e pôde acompanhá-los até

---

1 Conceição Evaristo, *Ocupação Conceição Evaristo* [exposição], 2017c.

a conclusão do primário. Recebeu crianças entre 6 e 7 anos – que rapidamente criaram afinidade com a professora e seu jeito de contar histórias de tão longe e de tão perto – e entregou ao mundo protótipos de adolescentes, muitos dos quais aguçaram a curiosidade pelo mundo e aprenderam a tomar gosto pela escrita em salas de aula. Conceição se via, de certa forma, refletida naquele espelho.

Continuou prestando concursos de magistério e, em 1975, passou a lecionar também no Ensino Supletivo de Niterói, destinado a jovens e adultos que não concluíram os estudos no período convencional.

SOB OS CUIDADOS dos tios, Conceição aproximou-se da literatura. Tia Lia, servente da Biblioteca Pública Estadual de Minas Gerais, na Praça da Liberdade, passou a levar consigo a menina, que se debruçava sobre os livros. "Eu tive uma adolescência sem baile, sem rádio, sem cinema, sem nada. Então a minha diversão era literatura. E toda minha leitura da época era de autoria branca, autores e autoras brancos", lembra ela. Gostava sobretudo de livros ligados às questões sociais, como *Capitães de areia* e *O país do carnaval*, de Jorge Amado, *Meu pé de laranja lima* e *Barro blanco*, de José Mauro de Vasconcelos, e

Geografia da fome, de Josué de Castro. A literatura visitava Conceição diariamente também por meio da oralidade. Tia Lia, que nasceu em 1914, contava histórias infames da escravização e da procura de esmeraldas pelos bandeirantes da mesma forma, instigando a curiosidade da sobrinha. "Ela tinha consciência daquilo que estava contando, do pai e do avô dela. Tinha até um jeito próprio na contação dessas histórias."[2]

Lembra-se ainda de ouvir a lenda de uma menina que, ao passar debaixo do arco-íris, se tornou menino. Só anos depois Conceição descobriria sua origem no mito de Oxumarê: um ancestral que alterna entre os gêneros masculino e feminino.[3] Apresenta-se tanto como o arco-íris, sua criação para estancar a chuva, quanto pela serpente que morde a própria cauda, simbolizando a força vital do movimento e de tudo que é alongado, sustentando a terra e impedindo-a de se desintegrar.[4] A essa mitologia funde-se a história familiar de *Ponciá Vicêncio*: "Diziam que menina que passasse por debaixo do arco-íris virava menino. Ela

---

2 Helton Simões Gomes, "Origens: Conceição Evaristo", 2021.
3 Reginaldo Prandi, *Mitologia dos orixás*, 2000.
4 Pierre Fatumbi Verger, *Notas sobre o culto aos orixás e voduns*, 1999.

ia buscar o barro na beira do rio e lá estava a cobra celeste bebendo água."[5]

Mãe Joana contava a história de um preto velho que carregava uma ferida que não cicatrizava de maneira alguma. Toda vez que os sinhôs passavam pelo homem, chutavam o machucado e riam quando o preto gemia de dor: "Ui, ui, senhor!" Os escravizadores eram de uma família rica e tradicional do município mineiro de Pedro Leopoldo. Anos se passaram, a família entrou em decadência e perdeu um a um seus bens materiais. Mas não só. A ferida incurável agora apodrecia na perna de um dos sinhôs. "E não teve medicina, não teve benzeção que desse jeito", dizia Joana. Lá no fundo, a menina Conceição pensava: "Bem feito." Ao crescer e tornar-se escritora, incluiu a história – verídica, dizia Joana – em *Becos da memória*.[6]

Tio Totó também era um exímio contador de histórias, muitas das quais Conceição suspeita que teriam saído de *As mil e uma noites*, coleção de contos populares originários do Médio Oriente e do sul da Ásia a partir do século IX. Tinha predileção pelo

---

5 Conceição Evaristo, *Ponciá Vicêncio*, 2017d, p. 13.
6 *Idem*, "Mano a Mano" [podcast], 2023.

personagem Barba Azul, do conto homônimo de Charles Perrault. Punha-se à frente das crianças para narrar a saga do conde, que era muito rico, muito feio e muito assustador. O conto segue a busca de Barba Azul por uma nova esposa, depois de ter ficado viúvo pela sexta vez. A cada casamento, havia feito um único pedido às esposas: "Você não pode abrir a porta deste cômodo." A nova esposa, morrendo de curiosidade, pega as chaves e decide abrir a porta: depara-se com os corpos de seis mulheres pendurados, ainda pingando sangue. Ao descobrir o conteúdo do quarto, Conceição e os irmãos prendiam a respiração. "E agora, tio?", imploravam para que o velho homem solucionasse o mistério, mesmo já tendo ouvido aquela mesma história dezenas de vezes.

PARALELAMENTE ÀS AULAS, seguiu estudando para o vestibular. Tinha consciência do impacto que um diploma de Ensino Superior poderia desempenhar em sua carreira – afinal de contas, quantas pessoas negras e diplomadas conhecia? Prestou vestibular por três anos seguidos até ser admitida em 1976, aos 29 anos, para o curso de Letras da UFRJ. A escolha do curso decorre também da paixão que, desde cedo, dedicou à literatura. Se na adolescência lia sobretudo homens brancos, o enfoque muda na fase adulta: Solano Trindade, grande poeta modernista, Carolina Maria de Jesus e Abdias do Nascimento, grandes autores negros que não figuravam na ementa de nenhuma das disciplinas literárias que cursou na faculdade.

Sua graduação, no entanto, é permeada por interrupções. Ingressou na faculdade no mesmo ano em que passou a lecionar em uma segunda escola e precisava sustentar uma rotina de trabalho e estudos exaustiva – assistia às aulas no prédio da Avenida Chile pela manhã, à tarde lecionava para as crianças do Morro de São Carlos e findava o dia em Niterói, com jovens, adultos e idosos da EJA (Educação de Jovens e Adultos). A jovem optou por sacrificar os próprios estudos, reduzindo de forma progressiva a grade curricular da faculdade. Em 1982, ano posterior ao nascimento de Ainá, Conceição trancou a matrícula na UFRJ e, em 1984, encerrou o vínculo com a Secretaria de Educação de Niterói.

A rotina de cuidados médicos com a filha levou Conceição a se ausentar por diversas vezes das duas escolas. Ofereceram à professora uma solução: assumir as salas de leitura da biblioteca escolar. "Caí num lugar que eu gostava imensamente", me diz ela.

MORDER A PALAVRA

Ali, trabalhava tanto com alunos quanto com professores, ajudando a desenvolver em sala de aula o que era aprendido na sala de leitura. Sua contação, assim como sua literatura, trazem personagens negros permeados por um cotidiano que, de uma forma ou de outra, é partilhado pela comunidade afro-brasileira; esforços há muito reivindicados pelos movimentos negros e que precedem as Leis nº 10.639, de 2003, e nº 11.645, de 2008, que estabelecem como obrigatório o ensino das histórias e das culturas afro-brasileira, africana e indígena no ensino básico de todo o país.

"Eu inventava muitas histórias, mas o meu jeito de contar história é muito o meu jeito de falar", me diz Conceição, frustrada por não conseguir trazer no corpo os trejeitos da família. Provoco a memória da escritora para que se lembre de sua participação no seminário do Instituto Ibirapitanga, em setembro de 2023, sobre memória, reconhecimento e reparação. Antes que o encontro chegasse ao fim, Conceição levantou-se da poltrona de madeira para declamar "Olhos d'água", esse conto com trejeitos de poesia que nasce primeiramente oral e depois se torna palavra escrita em 2005, na coletânea *Cadernos negros*. Conceição inicia a contação com certa timidez. A história avança à medida que a escritora passa a caminhar de um lado ao outro do palco. Ao fitar a plateia, parecia mesmo buscar no fundo de nossa íris a cor dos olhos de sua mãe. Foram oito minutos de um silêncio atento, em que só se ouvia a voz da escritora. Os aplausos finais carregavam o som úmido de algumas lágrimas.

"É um conto muito convidativo. Quando falo dos olhos de minha mãe, todo mundo entra no clima e começa a pensar nos olhos da própria mãe", me diz ela. "É um conto que convoca as pessoas para ouvir, mas eu fico me perguntando se eu teria essa competência, essa performance em algum outro conto. Tem vários que eu gostaria de decorar e contar para ver se convocaria o público da mesma forma." O que a impede, ela me diz, é uma "certa preguiça".

PENSO NA SUA PREGUIÇA como uma forma de assumir as rédeas do próprio cansaço. Custa-lhe um bocado tornar-se um fenômeno literário na terceira idade. Se o corpo de Conceição aparenta calmaria, sua mente continua ansiosa – "eu fico querendo mil coisas ao mesmo tempo e dando conta de poucas", diz. Quase todo dia promete a si mesma que vai acordar cedo e aproveitar o silêncio da manhã para escrever; ela sempre levanta cedo, mas muitas vezes não consegue cumprir a promessa. É uma escrito-

MORDER A PALAVRA

ra septuagenária que mora em Maricá e no Rio de Janeiro, tem família em Minas Gerais, leciona na Universidade de São Paulo e quase toda semana tem pelo menos um compromisso em alguma outra cidade para participar. No início de 2024, me disse que pisaria no freio para poder dedicar mais tempo à escrita; mas sua agenda não demonstra o mesmo. Só em junho, participou ao menos de dez eventos presenciais, entre os quais o II Festival da Palavra de Curitiba, onde teve atividades nos dias 16 e 17; a Fliaraxá, no sudoeste mineiro, no dia 22; e o LER (Festival do Leitor), no Rio, primeiro no dia 7, depois no dia 25. A esses dez dias deve-se somar o tempo de deslocamento entre as cidades, que Conceição sempre prefere realizar via carro – ela tem medo de avião.

Como cuidar de Ainá, preparar as aulas universitárias, avaliar projetos de pesquisa e artigos, estudar literatura, administrar a Casa Escrevivência, assinar prefácios e posfácios de livros, participar de uma dezena de eventos no mesmo mês e ainda escrever? Ainda não vimos Conceição entregar pouco ao público, então quem paga o pato é o cuidado com a própria saúde. Já a ouvi dizer que muitas vezes caía no sono durante a escrita, com o corpo pendendo sobre a mesa do computador. Uma ou outra vez vi, em seus olhos, um cansaço físico e mental – e ela decidiu se render aos sinais do corpo. "Eu adoro esse assunto. Você sabe que eu passaria horas falando sobre isso, minha filha, mas agora minha mente não consegue pensar", ela me diz. Assenti com os olhos. Encerrei a gravação, guardei o caderno e a caneta na bolsa.

Conceição quer aproveitar tudo o que tem direito, agarrar entre os dedos toda a celebração tardia que lhe é conferida. Mas ela quer também abrir perspectivas, apoiar e incentivar jovens escritores, pesquisadores, artistas negros. Ela quer a fruta inteira, quer comer até o caroço. Em uma sociedade que privilegia a produtividade em detrimento do ócio, Conceição roda o Brasil com o cuidado de não cair em armadilhas neoliberais. Ela quer ter tempo para escrever, não necessariamente para produzir. Ela quer ter, antes de tudo, tempo para pensar.

No dia 14 de novembro de 2023, horas antes de tomar posse na Academia Brasileira de Cultura, ouvi Conceição reclamando que precisava passar no mercado para "resolver a vida". Era uma terça-feira. Ela retocava o batom entre uma entrevista e outra na sede da Casa Escrevivência. No dia seguinte, feriado da Proclamação da República, embarcaria para Maricá e lá ficaria com a filha até sábado, quando participaria da Feira Literária de Saquarema, na Região dos Lagos, e seguiria para São Paulo e Paraty. Margot, uma de suas assessoras, ofereceu-se para ir ao mercado para a escritora, bastava lhe dizer do que estava precisando; assim, poderia agilizar, otimizar a rotina. "Você sabe bem que eu gosto de comprar as minhas coisas", respondeu Conceição com um olhar sério, como se desse uma bronca. "Você sabe que eu gosto de *ver* as coisas", completa, tentando demonstrar que estava mais interessada em assuntar pelo mercado do que abastecer a dispensa. Caminhar em silêncio é também sua forma de matutar uma ideia, esboçar um texto. "Gosto de divagar entre o passo e outro, olho para trás, em volta e para a frente. Se tiver de escolher entre a velocidade da narrativa e a lentidão da procissão, fico com a vagarosidade do passo em procissão", escreveu em 2013.[7]

UMA FOTO DE AGOSTO de 2023 mostra Conceição sorrindo enquanto olha para baixo. Ela está com um vestido coral com linhas brancas, seu cabelo está preso no topo da cabeça por uma faixa amarela. Veste

---

7 Conceição Evaristo *apud* Marcos Antônio Alexandre, "Vozes diaspóricas e suas reverberações na literatura afro-brasileira", 2023.

ainda um cordão, um anel e um brinco brancos. Na altura do abdômen, cerca de 15 crianças envolvem seu corpo. Os braços da senhora tentam alcançar todos os pequenos, mas eles lhe escapam. Não conseguimos ver os rostos das crianças, a maioria está de costas para quem bate a foto; e muitas cabeças saem borradas, por estarem em movimento. O registro é de uma visita da escritora às classes de alfabetização do Centro Comunitário de São João de Meriti, na Baixada Fluminense.

Conceição parece conquistar as crianças com facilidade; afinal, foram mais de trinta anos como professora do Ensino Fundamental. Hábil contadora de histórias voltadas para o público jovem e adulto, seus leitores por vezes perguntam se a professora nunca tentou escrever livros infantis. "Tenho feito alguma tentativa", ela me revela, mas logo em seguida emenda que nenhum dos projetos retoma as histórias que contava para seus alunos. Essas ficaram apenas no registro da oralidade. "Naquela época, eu não imaginava que um dia viria a escrever e publicar, então perdi tudo que cheguei a anotar, talvez tenha ficado na escola, ou se perdido entre uma mudança e outra", conta.

Uma de suas tentativas na literatura para as infâncias surgiu há alguns anos, após ver a amiga e artista visual Iléa Ferraz rascunhando o contorno de um pássaro. Sentou para escrever algumas linhas e a escrita foi vindo em ondas. "Não estou te dizendo que é geração espontânea ou que baixa um santo em mim. Não é nada disso, entende?", contou em 2023 ao detalhar seu processo de escrita.[8] "Mas a escrita em si chama a escrita. Eu começo a escrever um texto, então as ideias vão também surgindo em torno daquilo que estão escrevendo, e aí você vai ajustando." Ela me diz que o texto do volume infantil está pronto, mas tem encontrado dificuldades para que aceitem a amiga como ilustradora do livro. As poucas editoras que procurou preferiram usar ilustradores que já fazem parte de seu catálogo. Ao saber que sou editora de livros, ela me pergunta se é irreal o que está propondo. Digo que uma escritora da estatura dela tem condições para bancar certas exigências e incentivo que o faça. Ela então me revela mais um de seus desejos: que esse livro fosse editado por uma grande casa editorial em parceria com o Quilombhoje,

---

8 Paula Passos, "As histórias de amor não têm fim", *Revista Continente*, 1º mar. 2023.

selo que a apresentou para o mundo. "É uma forma de dar visibilidade para eles, entende? Isso é muito importante para mim."

Outra ideia de livro veio pela escritora santista Maria Valéria Rezende: uma história sobre duas crianças que se encontram numa biblioteca pública. A narrativa seria inspirada num encontro entre as duas escritoras que nunca aconteceu. Quando ia visitar parte de sua família em Belo Horizonte, Maria Valéria frequentava a biblioteca da cidade, a mesma em que tia Lia trabalhava. Guarda na memória a figura daquela profissional atenciosa, mas lhe escapam da mente os vultos de Conceição, a menina negra que seguia os passos de Lia. Texto e ilustração mostrariam como duas crianças, com trajetórias tão distintas, encontram algo em comum na literatura. O projeto está em fase inicial há anos. Nunca foi para o papel, mas, sempre que as duas se encontram, comentam sobre isso.

"UM DOS MOMENTOS em que eu mais gostei de trabalhar na educação brasileira foi aqui no Rio de Janeiro, no governo de Leonel Brizola", disse Conceição.[9] Brizola iniciou seu primeiro governo

---

9 *Ibidem.*

em 1983, tendo Darcy Ribeiro como vice-governador e secretário de Ciência, Cultura e Tecnologia. Era um contexto de reabertura democrática, e muitos dos que se opuseram ao regime militar passaram a nutrir esperanças. Para Brizola e Darcy, a reconstrução do ensino público brasileiro assumia a forma de uma utopia possível:[10] os Cieps (Centros Integrados de Educação Pública), hoje popularmente conhecidos como Brizolão.

Com uma ampla quadra esportiva, consultórios médicos e odontológicos, salas de leitura, refeitório e dormitórios, o primeiro Ciep foi inaugurado em maio de 1985. Funcionava em período integral, das oito da manhã às cinco da tarde, e atendia alunos, principalmente, do Morro Santo Amaro, no bairro do Catete. Seu mentor foi Darcy Ribeiro, que presidiu o Programa Especial de Educação durante todo o primeiro mandato de Brizola. Inovador, o programa trouxe à sociedade brasileira novas formas de entender e perceber a educação, tomando a escola como uma extensão da comunidade. Uma lista de projetos ajudou a concretizar esse ideal, como o aluno residente, que acolhia estudantes em situação de vulnerabilidade; os animadores culturais, que

---

10 Lia Faria, "A utopia possível", 2017.

traziam para o corpo didático lideranças do próprio território que tinham saberes que um diploma não comporta; e a educação juvenil, projeto voltado para aqueles que não tinham conseguido completar o ciclo de alfabetização no período regular.

Os Cieps também propuseram o estudo dirigido,[11] uma espécie de reforço escolar destinado a alunos de ciclo básico cujas famílias não tiveram acesso à educação e, por sua vez, não tinham como auxiliar as crianças com os deveres de casa. Dividido em duas salas – Prazer de Ler e Desafio de Pesquisar –, o projeto contava com atividades planejadas juntamente aos professores de turma, com o objetivo de aperfeiçoar a leitura, a escrita e outros processos educativos e de avaliação contínua. Eram quatro horas semanais em que o objetivo era ensinar o aluno a estudar. As salas de leitura dos Cieps aperfeiçoaram o uso das bibliotecas que haviam no ensino municipal carioca, as mesmas em que Conceição chegou a lecionar quando se afastou das turmas regulares.

Algumas centenas de Cieps se espalharam pelo estado até o fim da década de 1990, mobilizando também o governo municipal, que passou a convocar seus

---

11 Patrícia Flávia Mota *et al.*, "CIEP como espaço de educação social", 2017.

professores para participar e lecionar treinamentos que seguissem a nova proposta educativa. Conceição se tornou orientadora do Programa de Educação Juvenil do Ciep Samuel Wainer, na Tijuca, em 1998. "O projeto de Darcy Ribeiro considerava que um aluno que vinha da favela, ou que vinha de um estrato mais pobre, tinha direito a uma educação como um aluno de classe média alta", lembra ela. "Para mim, foi um dos momentos mais férteis da educação brasileira."

Os Cieps perduraram até o fim do segundo governo Brizola, mas a política educacional que lhes concebeu foi desvalorizada. Vários dos projetos que fizeram os Cieps se tornarem escolas-modelo para o país foram descontinuados no início dos anos 2000. Hoje, a maioria dos Cieps são escolas estaduais precárias, guiadas por uma visão educacional que entende a escola como um lugar que deve ensinar a comunidade, e não mais aprender com ela. "Esse vício da política brasileira, né?", lamenta Conceição. "Quem chega dificilmente quer dar continuidade, porque quer ser novamente o descobridor."

A MATRÍCULA DO curso de Letras permaneceu trancada por três anos. Em 1987, Conceição retomou os estudos no seu ritmo, chegando a trancar disciplinas ou o período inteiro para dar conta de suas outras obrigações. Mas prometeu a si mesma que concluiria o curso quando a filha estivesse mais crescida. Cumpriu o combinado em 1990, quando Ainá completou 9 anos e Conceição estreou nos *Cadernos negros*. Ela narra para mim o período de afastamento da faculdade tentando me mostrar que tinha certeza de que concluiria a graduação, e que, se fosse preciso, seria amparada pela família e pelos amigos. Mas, quando relaciono o curto período entre o retorno à faculdade e o falecimento de Oswaldo, em dezembro de 1989, reage como se a memória lhe tivesse pregado uma peça. Ela mesma não sabe como fez isso, me dizendo que a depressão havia colocado sua vida em piloto automático – mas não há nada menos automatizado do que retomar os estudos aos 44 anos, enquanto lidava com a perda de um grande amor e a criação de uma filha atípica. Exige uma força brutal.

8. ÁGUAS CORRENTEZAS

UM PIANO, UM PÚLPITO e quatro cadeiras ocupam o palco do auditório da Casa de Rui Barbosa, em Botafogo, no Rio de Janeiro. Ao fundo, uma aquarela do patrono da instituição. Há muito burburinho. A chuva torrencial atrasou o voo de uma das convidadas, Erica Malunguinho, idealizadora do espaço Aparelha Luzia e ex-deputada estadual de São Paulo. No saguão da Casa, ainda ouvia-se o zumbir da ventania. Tomaram seus assentos, no palco, Conceição Evaristo ao centro, Jurema Werneck, ativista e presidente da Anistia Internacional Brasil, e a professora Fernanda Felisberto, responsável por mediar a conversa. Esse é o segundo encontro dos três que marcam a inauguração da Casa Escrevivência em julho de 2023: o primeiro acontecera virtualmente, no YouTube, numa conversa entre Conceição e Flávia Oliveira, e o terceiro encheria o já badalado Largo São Francisco da Prainha para brindar o espaço.

A escolha do mês de julho não era trivial: no dia 25 se celebra o Dia Nacional de Tereza de Benguela e o Dia Internacional da Mulher Negra Latino-Americana e Caribenha. Conceição, que sempre reivindica um ideal de coletividade, aproveitaria o evento para impulsionar a carreira de dez escritoras negras independentes de diferentes faixas etárias: Calila das Mercês, Dandara Suburbana, Iza Reis, Janete Ribeiro, Lu Ain Zaila, Luana Souza, Natasha Felix, Selma Maria, Simone Rico e Wilsimira Souza. No palco, Conceição queria ser a última a falar e, enquanto isso, voltava seu olhar à plateia.

Nós, da plateia, éramos de maioria negra, mas também havia brancos entre nós. Havia idosos, adultos, adolescentes e crianças. Via-se, de mãos dadas, alguns casais de mulheres e outros de homens; *black powers*, tranças, *dreads* e cachos emolduravam grande parte de nossos rostos. Ao pegar o microfone, a escritora sorriu e provocou: se a literatura negra é vista como algo "de nicho", o que explica aquele auditório lotado por pessoas com experiências e expressões tão distintas? "Vou deixar até de ser modesta", diria meses depois, durante a Flip daquele ano.[1] "É a potência do meu texto que acaba congregando várias pessoas. Você vê que há aqui uma diversidade muito grande de jovens, pessoas mais velhas, pessoas negras, pessoas brancas, brasileiros e estrangeiros."

A literatura eurocêntrica reivindica para si um ideal de universalidade, mas, se existisse, de fato, uma literatura universal, ela não estaria onde costumam procurá-la. "Tenho dito que a escrevivência não pode ser lida como algo narcísico; o nosso ponto de partida é outro, são os espelhos de Oxum e Iemanjá", disse Conceição, do palco.

A LITERATURA DE Conceição Evaristo é permeada por correntezas. A água sempre arranja um jeito de assumir papel central em seus contos, romances e poemas. Seria intencional? "Você sabe que é de uma maneira muito inconsciente, eu acho que tem alguma coisa a ver com Oxum", disse, relegando a resposta ao mistério. "Mas é muita água mesmo, mas são as nossas águas. Eu gosto de marcar, são as nossas águas."

---

1 Conceição Evaristo, "'A potência do meu texto congrega várias pessoas', diz Conceição Evaristo" [vídeo], 2023.

CONCEIÇÃO EVARISTO

Oxum é para Conceição o que Ogum, senhor da forja, é para o nigeriano Wole Soyinka[2] e o que Exu, o grande mensageiro, é para o estadunidense Henry Louis Gates Jr.[3] e para a mineira Leda Maria Martins:[4] arquétipos que permeiam a cultura afro-diaspórica. Por que recorremos ao mito de Édipo quando as histórias de Ogum, que estão bem mais próximas da cultura brasileira, trazem a mesma densidade trágica? Não estariam os truques de Exu, o mais humano dos orixás, refletidos em um uso da intertextualidade tipicamente negro? Que dirá se mergulharmos nos mitos dos voduns, nkisis, entidades e encantados que habitam este solo. Jogar com a lógica dos contrários foi sempre a postura litúrgico-existencial do negro.[5] O saber afro-brasileiro fala línguas próprias. Para adentrar as águas da *iyabá* que rege a escrita de Conceição, é preciso primeiro conhecer seus encantos.

O culto a Oxum nos remete ao antigo reino de Ijexá, na Nigéria. Às margens do Rio Oxum, ainda hoje devotos a cultuam como uma força ancestral que articula dimensões religiosas, filosóficas, socioculturais e políticas. Filha de Iemanjá e Orunmilá,

---

2 Wole Soyinka, *Myth, Literature and the African World*, 1990.
3 Henry Louis Gates Jr., *The Signifying Monkey*, 2014.
4 Leda Maria Martins, *A cena em sombras*, 2023.
5 Muniz Sodré, *O terreiro e a cidade*, 1988.

ÁGUAS CORRENTEZAS

é a fértil rainha das águas doces, deusa do ouro, da beleza, da riqueza e da vaidade. Traz consigo um *abẹ̀bẹ̀*, termo em iorubá para abano de mão, mas que assumiu o significado de "espelho" em muitas das mitologias afro-brasileiras e afro-cubanas. A fertilidade de Oxum se manifesta de forma física e metafórica: é ela quem multiplica a raça humana, a prosperidade, o bem-estar, a alegria, o amor.[6]

Conta a mitologia dos Orixás que, logo que o mundo foi criado, os deuses passaram a se reunir em conciliábulos nos quais somente os homens podiam participar. Oxum não se conformava com essa situação. Ressentida, decide se vingar. Condenou todas as mulheres à esterilidade, de modo que qualquer iniciativa masculina no sentido da fertilidade era fadada ao fracasso. Os homens logo ficaram alarmados – não sabiam o que fazer sem herdeiros para quem deixar suas posses e sem descendentes para não deixar morrer suas memórias – e foram consultar Olodumare. O Ser Supremo os aconselhou a não mais excluir Oxum e as demais mulheres das decisões, pois, sem Oxum e seu poder sobre a fecundidade, nada poderia ir adiante.[7]

---

6 Oluwa Seyi Salles Bento, *Orixá e literatura brasileira*, 2021.
7 Reginaldo Prandi, *Mitologia dos orixás*, 2000.

O mito e a ficção evaristiana se fundem em "Sabela".[8] O povoado corria o risco de morrer à míngua de pessoas: inférteis, homens se sentiam humilhados, e mulheres eram dominadas por um misto de tristeza e culpa. Mas tudo muda quando Sabela dá à luz sua primeira menina. O único hospital do lugar passa a não suportar mais tantas parturientes, e cabe às mulheres mais velhas o ofício de ajudarem as gestantes a parir nas margens do rio. "Ali as novas mamães deixavam seus rebentos escorregarem encantados e assustados para o mundo", diz a novela. "Tudo era feito nas margens do rio e o neném era banhado, pela primeira vez, nas correntezas milagrosas, fecundas pelas águas e pelo sangue de Vovó Sabela."

Conta-se ainda, na mitologia iorubá, que a arte de ler o destino nos búzios foi sempre guardada como um grande segredo por Obatalá, que se negava a passá-la adiante. Oxum, então casada com Xangô, pedia inúmeras vezes para aprender a arte da adivinhação, mas o velho orixá sempre se recusou a ensiná-la. Certo dia, ao ver Obatalá se banhando no rio, Exu decide lhe pregar uma peça. Toma para si as imaculadas vestes brancas do velho e grita, zombeteiro:

---

8 Conceição Evaristo, *Histórias de leves enganos e parecenças*, 2016a.

"O Senhor do Pano Branco ainda é senhor quando está sem roupa?" Oxum, que vinha andando em direção ao rio, depara-se com a angústia de Obatalá e se oferece para ajudá-lo. Mas o auxílio tinha uma única condição: ele deveria compartilhar com ela seus saberes. Não foi tarefa difícil a Oxum seduzir Exu, que logo endoideceu com sua beleza. Fizeram um trato: ela se deitaria com ele em troca das roupas. Oxum devolve as vestes a Obatalá e, assim, detém o segredo do oráculo.[9]

Oxum, aquela que une mãe Joana e Conceição, permeia toda a sua produção literária.

EMBORA NO BRASIL tenha sido sincretizada como Nossa Senhora da Imaculada Conceição – concebida sem a mancha do pecado original, segundo o dogma católico –, Oxum apresenta atributos que a aproximam do profano, ou do desregramento do feminino: é expressão do desejo como inclinação, representa o ventre e a sensualidade, o nascimento e a sexualidade.[10]

Os cultos aos orixás, voduns, loás, eborás e nkisis são manifestações sacro-culturais. São ancestrais,

---

9 Reginaldo Prandi, *op. cit.*
10 Luciana de Oliveira Dias, "Reflexos no Abebé de Oxum", 2020.

guardiões da memória de um mundo antes do colonialismo, representam o encontro de diferentes povos que cultuavam a natureza e a vida em comunidade; fazem parte do processo de reconstrução social, política, histórica, espiritual e afetiva de povos africanos despedaçados. Quando são assentados nas Américas, constroem relações com as divindades deste solo, gerando cultos que surgem da confluência entre saberes, práticas e costumes africanos, indígenas e cristãos: os candomblés – de nação ketu/nagô (iorubá), jeje (mahi), banto (Congo-Angola) –, as umbandas, o tambor de mina, o terecô, a quimbanda, a jurema, o batuque gaúcho, a santería, o vodu haitiano, o palo cubano, a regla de arará, o trinidad orisha.

O filósofo caribenho Édouard Glissant escreveu que os africanos, quando foram raptados de sua terra natal para serem escravizados nas Américas, não puderam levar nada consigo. Havia o imigrante armado, que invadiu a terra; o fundador, que a colonizou; e o africano, o imigrante nu, aquele que chega sem nada palpável. O único bem que ele traz é a memória – um tanto fraturada, permeada por silêncios, esquecimentos, faltas e inversões.[11] Reconstruir essa memória é, portanto, uma forma de se reconstituir como ser humano.

---

11 Édouard Glissant, *Poética da relação*, 2021.

ÁGUAS CORRENTEZAS

> Apenas viver, apenas ser indivíduo são contingências fracas diante da necessidade existencial do *pertencimento* ao grupo originário, de onde procedem os imperativos cosmológicos e éticos.[12]

"A literatura se torna esse espaço da invenção, da ficcionalização", disse Conceição em 2023, "é esse espaço que valoriza os pedaços, os vestígios, como se fossem inteiros, torna-os em pedaços inteiros, dá corpo a esses pedaços".[13] Essa fala expõe o projeto estético-político da autora: uma literatura centrada no *nós*, em contraste com a escrita centrada no *eu*, típico da modernidade europeia, quando brancos falam de si para si, ou no *outro*, sobretudo a partir da segunda metade do século XX, quando brancos falam de povos subalternizados a partir da crítica pós-colonial.

Do ponto de vista histórico, a escrita sempre esteve vinculada à ideia de autoridade e exclusão sobre os que não acessaram seus códigos, povos originários e afrodescendentes. Conceição subverte essa lógica ao permear sua escrita de códigos que os brancos são incapazes de acessar em sua completude, códigos de uma vivência tipicamente negra, inscrita na linguagem do corpo, no campo da dança, no que se resguarda e se mostra, no silêncio. É algo contempo-

---

12 Muniz Sodré, *Pensar nagô*, 2017, p. 90.
13 Paula Passos, "As histórias de amor não têm fim", *Revista Continente*, 1º mar. 2023.

râneo a uma geração de escritoras negras espalhadas pela diáspora africana – está em *A cor da ternura*, de Geni Guimarães, *Cartas al cielo*, da cubana Teresa Cárdenas, *O olho mais azul*, da estadunidense Toni Morrison. "O texto mais responsável por criar uma identidade cultural é o texto literário, mais do que o texto de história. Então, se a literatura é o lugar onde se cria uma identidade nacional, essa literatura tem de ser a mais diversa possível", disse Conceição.[14] Criar uma história que está profundamente ligada à memória negra, à memória afrodiaspórica, dar corpo a esses pedaços é fazer escrevivência.

"É uma narrativa que se constitui para se cumpliciar com essa narração ou com o que está sendo narrado", explicou Conceição.[15] O conceito surgiu em 1995, durante sua pesquisa de mestrado, na tentativa de romper o estereótipo da "Mãe Preta", a babá que vela o sono dos herdeiros da Casa-Grande. "Marcadas, consciente ou inconscientemente, por esse processo afrodiaspórico, pela saída forçada dos povos africanos para a Europa, para as Américas.

---

14 Conceição Evaristo, "Canção para Ninar Menino Grande com Conceição Evaristo | Entrevista com Conceição Evaristo" [vídeo], 2023.

15 Vagner Amaro e Henrique Samyn, *Quando eu morder a palavra*, 2023, p. 46.

Porque tem aquela percepção individual de quem escreve, mas muito também a partir de um contexto social." É uma escrita subjetiva, sim, mas não individualizante – aponta para uma memória coletiva, um processo coletivo. É uma autoria que se mescla o tempo todo à escrita; o autor é simultaneamente criador e criação. O espelho da escrevivência reflete o rosto de quem escreve, mas vai além; reconstrói o retrato de um povo.

Escrevivência, em sua concepção inicial, se realiza como um ato de escrita das mulheres negras, como uma ação que pretende borrar, desfazer uma imagem do passado, em que o corpo-voz de mulheres negras escravizadas tinha sua potência de emissão também sob o controle dos escravocratas, homens, mulheres e até crianças. E se ontem nem a voz pertencia às mulheres escravizadas, hoje a letra, a escrita, nos pertencem também. Pertencem, pois nos apropriamos desses signos gráficos, do valor da escrita, sem esquecer a pujança da oralidade de nossas e de nossos ancestrais. Potência de voz, de criação, de engenhosidade que a casa-grande soube escravizar para o deleite de seus filhos. E se a voz de nossas ancestrais tinha rumos e funções demarcadas pela casa-grande, a nossa escrita, não. Por isso, afirmo: "A nossa escrevivência não é para adormecer os da casa-grande, e sim acordá-los de seus sonos injustos."[16]

---

16 Conceição Evaristo, "A Escrevivência e seus subtextos", 2020.

Por cultuar a beleza e o feminino, Oxum por vezes é lida como uma divindade narcísica. Eis uma armadilha muito comum à branquitude: pensar que a própria cultura é a lente universal de leitura de todo o mundo. Narciso foi um herói da mitologia grega conhecido por sua grande beleza. Todos os olhares se voltavam a ele, mas eram poucos os que podiam se aproximar dele. Menosprezados, muitos de seus admiradores rogaram vingança aos deuses gregos. Assim, Nêmesis, com aspecto de Afrodite, senhora do amor, condenou Narciso a apaixonar-se pelo próprio reflexo na lagoa de Eco, uma das ninfas que havia se apaixonado pelo rapaz. Obcecado pelo próprio reflexo, Narciso mergulhou na lagoa e lá permaneceu até definhar. Narciso é uma representação da colonialidade, da cultura greco-romana e europeia; é uma insígnia de mesquinharia e infertilidade.

Oxum, por outro lado, é uma insígnia de generosidade e de fertilidade. Oxum usa seu *abebé* para contemplar suas joias e a própria beleza, mas sobretudo para enxergar o que está atrás de si. Oxum, regente dos partos, guarda a comunicação entre a ancestralidade e o nascimento, pois cabe a ela enxergar o potencial de renovação das gerações. Para a poeta tatiana nascimento, o *abebé* é "fonte de autoconhecimento e reconhecimento, onde uma se mira para mais se compreender".[17] É o olhar para trás de si traçando o elo entre o depois e o agora.

A MESA NA Casa de Rui Barbosa foi interrompida seguidas vezes por quedas de luz. As convidadas, Erica Malunguinho agora também compunha a roda, decidem continuar suas falas, mas são alertadas sobre a transmissão ao vivo – não seria injusto seguir sem que os espectadores on-line pudessem participar? Enquanto isso, os presentes usavam as lanternas de seus celulares para iluminar suas anotações. A luz retornou, o debate continuou, mas logo em seguida foi interrompido por outra queda. A organização da instituição informou, numa tentativa de mostrar que estava tudo sob controle, que o problema acometia toda aquela região de Botafogo, e o mesmo havia acontecido nos dias anteriores, inclusive horas antes da mesa. Mais um retorno seguido de outra queda na iluminação. Outra pessoa subiu ao palco e disse que a estrutura da Casa, vinculada ao Governo Federal, foi sucateada durante o governo Bolsonaro. Da plateia, alguém indagou: não seria melhor assumir que não tinham estrutura para receber um evento desse porte?

---

17 tatiana nascimento dos santos, "Letramento e tradução no espelho de Oxum", 2014.

A insatisfação tomou conta das convidadas, principalmente de Malunguinho, que esbravejava sua indignação ao dizer que era inadmissível que isso ocorresse em um evento sediado naquela Casa em homenagem a Conceição Evaristo e com a presença da escritora. "Eu não sei se vocês devem ligar para a Light, pro prefeito ou pro governador, mas isso é grave", diz Malunguinho. "É muito simbólico que isso esteja acontecendo com uma mulher negra justamente na casa de Rui Barbosa." O público começa a cochichar cada vez mais alto.

Entregam um megafone a Conceição, que adora o objeto – "sempre quis falar num negócio desses", disse, rindo. Com sua calma habitual, voltou-se ao público. "Quantas vezes ouvi histórias contadas no escuro", comentou, rememorando grande parte de sua infância sem luz elétrica, sob as luzes de lamparinas. "Esse é um escuro que nossos corpos conhecem, mas, embora se queimem documentos, a história está inscrita em nossos corpos." A fala foi seguida de aplausos, sobretudo após a indireta a Rui Barbosa – então ministro da Fazenda durante a proclamação da Lei Áurea, Barbosa ordenou a queima de milhares de papéis sobre a importação de escravizados, na tentativa de impedir que os senhores de engenho pedissem indenização ao governo.[18] O episódio aparentemente motivado por boa-fé, visto que o ministro também era abolicionista, causou um dano irreparável para a memória da escravização. "Mas agora só nos resta esperar que a Nossa Senhora das Luminescências faça o seu trabalho", disse Conceição em referência ao seu conto homônimo. Sim, ela, "de tal brandura e fortaleza, que qualquer um vivendo o doloroso sentimento do abandono", ao encontrá-la, "conforto experimenta". Mas, como uma imagem desenhada por meio de palavras é sempre falha, Conceição não pode deixar de afirmar: "Só quem conhece a Nossa Senhora das Luminescências sabe quem é ela, e sente o que ela pode fazer por nós. Por isso repito. Ela é assim."[19]

Um ano depois, em julho de 2024, Conceição escolheu a instituição para celebrar o primeiro aniversário da Casa Escrevivência – e a Senhora das Luminescências já havia feito seu trabalho. Sem grandes problemas técnicos, a escritora ministrou um curso sobre a poética das mulheres afro-brasileiras e participou de um debate com a historiadora Ynaê Lopes dos Santos.

---

18 Sérgio Jacomino, "Penhor de escravos e queima de livros de registro", 2010.

19 Conceição Evaristo, *op. cit.*, 2016a.

No dia 22 daquele mês, tornou-se a primeira escritora negra a ter um acervo de documentos depositado no Arquivo-Museu da Literatura Brasileira, da Casa de Rui Barbosa. "Fico honrada e envaidecida", disse Conceição. "Mas é muito importante que não seja a única, e que a minha entrada abra portas para muitas outras escritoras e escritores negros."[20]

TENHO A IMPRESSÃO de que Conceição Evaristo é vista por muitos como Imaculada Conceição: uma imagem de mulher sábia, santificada, pura, castrada de desejo sexual. Quem se surpreendeu ao ouvi-la dizer, aos 77 anos, que pretende lançar um volume de poesia erótica, de certo nunca mergulhou em seus versos. Parte importante de sua lírica é composta pela sensualidade: "De meu corpo ofereço/ as minhas frutescências,/ casca, polpa, semente/ E vazada de mim mesma/ com desmesurada gula/ apalpo-me em oferta/ a fruta que sou";[21] ou ainda: "Só em desejos, guardo a fina textura/ da pele em dálias, rosas, magnólias.../ só em desejos, sei da primavera/ que

---

20 Ministério da Cultura, "Conceição Evaristo doa documentos de seu acervo pessoal para a Fundação Casa de Rui Barbosa", 27 jul. 2024.
21 Conceição Evaristo, *Poemas da recordação e outros movimentos*, 2017b.

em mim roça/ quando uma flor magnólia,/ tal qual a lendária rosa negra,/ promete se abrir única/ sobre mim".[22] A sensualidade sutil de seus versos me lembram as canções de Nina Simone, de quem a autora já declarou ser fã. Há alguns casos em que a prosa e a poesia erótica da mineira parecem querer cantar no timbre da cantora afro-americana, e vice-versa. Conversam, à sua maneira, "Luamanda" e "Do I Move You", "Fluida lembrança" e "Lilac Wine", "Frutífera" e "I Put a Spell On You".

A pulsão sexual, que é em si uma pulsão de vida, de desejo, de afeto, não está restrita à sua poesia. Luamanda, do conto homônimo, é uma personagem de cinquenta anos que rememora suas experiências amorosas e sexuais, investigando o amor, suas relações, explorando o próprio prazer. "O amor se guarda só na ponta de um falo", questiona-se, "ou nasce também dos lábios vaginais de um coração de uma mulher para outra?"[23] Conceição Evaristo nos chama a ver quanto podemos usar o erótico como instrumento de cura das feridas que nós, mulheres negras, carregamos desde a descoberta de nossa própria sexualidade; a escritora nos convida a armar

---

22 *Ibidem*.
23 *Idem, Olhos d'água*, 2014.

não só "a cama do gozo", mas subverter o papel de mucama que nos foi concedido.[24]

Ainda que Conceição tenha ressalvas à palavra "erótica", de origem grega, seus escritos ganham novos tons quando postos em diálogo com a concepção de Audre Lorde sobre o erótico. Para a poeta afro-caribenha, o erótico é intrínseco a cada um de nós e tem firmes raízes no poder de nossos sentimentos reprimidos e desconsiderados; sendo compreendido não apenas como uma experiência estritamente sexual, mas como um meio capaz de despertar as potências que afetam os corpos humanos. Erótico difere-se, portanto, de pornográfico: enquanto a pornografia silencia sentimentos e se apega apenas às sensações, o erótico diz respeito a sentimentos e à criatividade.

"A própria palavra 'erótico' vem do grego *eros*, a personificação do amor em todos os seus aspectos – nascido de Caos e representando o poder criativo e a harmonia", escreveu Lorde. O termo pode ser entendido "como uma afirmação da força das mulheres, daquela energia criativa fortalecida, cujo conhecimento e cuja aplicação agora reivindicamos em

---

24 Gilvaneide Santos e Lidiane Lima, "O erótico como resistência em 'Luamanda' e 'Mais iluminada que outras'", 2023.

nossa linguagem, nossa história, nossa dança, nossos amores, nosso trabalho, nossas vidas".[25]

Platão também toma o erótico como uma afirmativa da vida por dinamismo afetivo e orgânico. Na mesma direção, a filosofia nagô reserva ao termo uma dimensão de ambivalências – profundidade e mistério – por conotar a totalidade – ao mesmo tempo biológica e simbólica, contínua e descontínua – da continuidade entre ancestralidade e descendência. Além de Oxum, é Exu, orixá simultaneamente primogênito e pai-ancestral, quem liga visceralmente o sagrado e o erótico.[26]

A LITERATURA DE Conceição Evaristo não navega sozinha no cenário brasileiro. Recorro à pesquisa de doutorado de Fernanda Miranda, que mapeia preliminarmente os romances de autoria negro-feminina. De 1859 a 2006, apenas 11 títulos assinados por mulheres negras foram lançados no Brasil; de 2006 até 2019, já eram 17. O recorte temporal não é casual: em 1859, foi lançado *Úrsula*, da maranhense Maria Firmina dos Reis; em 2006, o hoje best-seller

---

25 Audre Lorde, *Irmã outsider*, 2019, p. 70.
26 Muniz Sodré, *op. cit.*, 2017, pp. 179-180.

Um defeito de cor, da mineira Ana Maria Gonçalves. Ambos são paradigmáticos, enquanto o primeiro funda o *corpus* literário de romancistas negras, o segundo o assenta.[27] Ou seja, quando lançou *Ponciá Vicêncio* em 2003, Conceição ainda assumia um papel de desbravadora: em pouco mais de um século e meio, ela ainda figurava como uma das dez primeiras romancistas negras. Não é exagero afirmar que a publicação de *Ponciá* ajudou a fundar o corpo do que hoje conhecemos como literatura negro-feminina.

Nada disso seria possível sem a luta secular de diferentes movimentos negros que, a partir dos anos 1990, passaram a fincar seus braços no mercado editorial brasileiro.

---

27 Fernanda Miranda, *Corpo de romances de autoras negras brasileiras (1859-2006)*, 2019.

9. FIO INVISÍVEL E TÔNICO

NUMA NOITE DE TERÇA-FEIRA, Conceição Evaristo caminhava pelos pilotis da PUC (Pontifícia Universidade Católica), na Gávea, Zona Sul do Rio. Estava com um longo vestido preto sob uma camisa estampada com folhas douradas. No topo da cabeça, um rabo de cavalo do qual brotavam seus cachos grisalhos. À sua frente, Ludmilla abria passagem para a correnteza da escritora. O espaço estava lotado, com uma centena de pessoas acomodadas em um semicírculo formado por *enim*, esteiras de palha. No centro, um pequeno palco que recebia a advogada e professora Thula Pires, a jornalista Flávia Oliveira e a filósofa e ativista Sueli Carneiro, uma das principais autoras do feminismo negro no Brasil. Era 9 de maio de 2023.

Não era pouca coisa. Quase duas décadas depois de ter sido defendida na Faculdade de Educação da USP, a tese de doutorado de Sueli chegava finalmente ao público leitor. *Dispositivo de racialidade* oferece uma interpretação contundente do racismo e uma defesa de seu enfrentamento sempre pelo coletivo, em que o cuidado de si e o cuidado do outro se fundem na busca da emancipação.

Em suas falas iniciais, Flávia e Thula comentaram como estavam felizes em poder celebrar uma "mais velha" – numa referência ao candomblé, religião partilhada pelas três intelectuais, calcada nos princípios da senioridade e ancestralidade. "Pois então eu vou saudar Conceição Evaristo, provavelmente a única mais velha que eu aqui", disse Sueli. O público virou-se na direção da escritora mineira e a aplaudiu por minutos. "Ela desceu o Morro da Conceição só para esse lançamento, e a gente sabe que isso é não é pouca coisa."

Conceição agradeceu os aplausos e permaneceu acomodada na plateia; estava sentada entre Monica Cunha, vereadora do Rio e fundadora do Movimento Moleque, e Ana Flávia Magalhães Pinto, historiadora e diretora-geral do Arquivo Nacional. Professora,

FIO INVISÍVEL E TÔNICO

Conceição soube reconhecer seu lugar como aluna. Ela estava ali, como todos nós, para ouvir dona Sueli.

O VÍNCULO DE CONCEIÇÃO com o movimento negro se iniciou no Rio de Janeiro, mas em Belo Horizonte a jovem já havia se aproximado de uma articulação embrionária: a Associação José do Patrocínio, um dos mais importantes grupos negros de Minas Gerais da década de 1950.

"Para a vitória final da raça negra no Brasil, duas coisas são indispensáveis: o livro e a união." As frases estampavam a primeira página d'*A voz da raça*, jornal da FNB (Frente Negra Brasileira), em 17 de junho de 1933.[1] A FNB foi uma das primeiras organizações do século XX a exigir igualdade de direitos e participação dos negros na sociedade brasileira. Sob a liderança de Arlindo Veiga dos Santos, José Correia Leite e outros, a organização desenvolvia diversas atividades de caráter político, cultural e educacional para os seus associados. Realizava palestras, seminários, cursos de alfabetização, oficinas de costura e promovia festivais de música. A FNB ganhou adeptos em todo o país, como Abdias Nascimento e Sebastião Rodrigues Alves, e teve filiais em diversas cidades paulistas e nos

---

1 João B. Mariano, "A vitória do negro está no Livro", *A voz da raça*, 17 jun. 1933.

estados da Bahia, de Minas Gerais, de Pernambuco, do Espírito Santo e do Rio Grande do Sul – estima-se que tenha chegado a aproximadamente cem mil integrantes em todo o país. Sofreu, contudo, um duro golpe durante a ditadura do Estado Novo.[2]

A partir da década de 1940, que marca o fim da Era Vargas, foi muito fértil na realização de congressos e convenções de partidos políticos. Mas, também, houve reuniões, congressos e convenções de grupos negros. Foi nesse contexto que Benedito Carlos, Peri Brandão e Levi José de Souza fundaram a Associação José do Patrocínio como um clube recreativo, não se propondo a discutir a formação intelectual. No entanto, com a chegada de Antonio Carlos, pai de Benedito, os objetivos ganharam novos contornos.[3]

Antonio Carlos nasceu em Bananal, interior de São Paulo, em 9 de fevereiro de 1900. Tinha por ideal construir uma biblioteca com obras que contassem a história da África e de seus afrodescendentes no Brasil; queria tornar viva a memória de negros ilustres que contribuíram para a construção da civilização brasileira, sobretudo, no período das lutas abolicionistas, como José do Patrocínio, Luiz Gama e André

---

2 Frente Negra Brasileira, Ipeafro, acervo digital.
3 Andreia Rosalina Silva, "Associação José do Patrocínio", 2010.

FIO INVISÍVEL E TÔNICO

Rebouças. Antonio Carlos teria sido o propulsor dessas ideias, inicialmente na cidade de Barbacena, Minas Gerais, para onde se mudou como oficial da polícia militar e ajudou a fundar o Centro Cívico Palmares. Quando integrou a Associação José do Patrocínio, instituiu saraus de poesia e de livros. Deu início, finalmente, à tão sonhada biblioteca.

A Associação funcionou na Avenida Brasil, número 236, no bairro Santa Efigênia, próximo ao quartel central da Polícia Militar de Minas Gerais, em uma casa antiga alugada, com quintal.[4] Era para lá que o tio Catarino, a quem Conceição deve suas primeiras noções de negritude, levava a sobrinha e as filhas. Osvaldo Catarino Evaristo, irmão de Joana e Lia, morou em um quartinho à parte na casa de Joana durante toda a primeira infância de Conceição. Soldado da Força Expedicionária Brasileira, foi enviado à Itália durante a Segunda Guerra Mundial e retornou ao país como um "pracinha". Ao longo dos anos, ele estudou, trabalhou como servente na Secretaria de Educação de Belo Horizonte e desenvolveu seus dons de poeta, desenhista e artista plástico. Foi, para a menina, sempre um consciente questionador da situação do negro brasileiro.

---

4 *Ibidem.*

O ativismo de Catarino não impactou apenas a jovem Conceição. Macaé, uma de suas filhas, foi professora da rede municipal de BH, formou-se assistente social e é mestre e doutora em educação; tem construído uma profícua carreira política. Tornou-se a primeira mulher negra a chefiar a pasta de Educação da cidade, em 2005, e do estado de Minas Gerais, em 2015. Conceição prestigiou a cerimônia de posse da prima no Ministério dos Direitos Humanos e da Cidadania, sediada em Brasília, em setembro de 2024. A escritora subiu ao púlpito para evocar as vozes-mulheres de sua família e suas deslizantes águas. Os dois poemas, estrategicamente pinçados de sua obra, retraçam passos que vêm de muito longe.

Ao se mudar para o Rio de Janeiro, em 1973, Conceição chegou a tempo de participar da fundação de um importante órgão do movimento negro contemporâneo, um dos poucos que tem uma sede própria e está localizado na região central de uma grande capital brasileira.[5] O IPCN (Instituto de Pesquisa das Culturas Negras) foi fundado em plena ditadura militar, no dia 8 de julho de 1975, antes mesmo da criação do Movimento Negro Unificado em 1978, no Theatro Municipal de São Paulo.

---

5 Conceição Evaristo, *Ocupação Conceição Evaristo* [exposição], 2017c.

Naquele sobrado da Avenida Mem de Sá, 208, Conceição participou de assembleias e declamou seus primeiros poemas, ainda escritos para si, sem perspectiva de publicação. Antes do poema "Pedra, pau, espinho e grade" ser publicado nos *Cadernos negros* de 1990, serviu de epígrafe para comunicações internas do IPCN[6] nos anos 1980:

"No meio do caminho tinha uma pedra"
mas a ousada esperança
de quem marcha cordilheiras
triturando todas as pedras
da primeira à derradeira
de quem banha a vida toda
no unguento da coragem
e da luta cotidiana
faz do sumo beberagem
topa a pedra-pesadelo
é ali que faz parada
para o salto e não o recuo
não estanca os seus sonhos
lá no fundo da memória,
pedra, pau, espinho e grade
são da vida desafio.
E se cai, nunca se perdem
os seus sonhos esparramados
adubam a vida, multiplicam
são motivos de viagem.[7]

---

6 *Ibidem*.
7 Conceição Evaristo, *Poemas da recordação e outros movimentos*, 2017b.

Foi nessa época também que Conceição passou a integrar o coletivo de escritores e escritoras Negrícia, Poesia e Arte de Crioulo, fundado em 1982 no Rio. Além dela, a formação inicial do grupo trazia Éle Semog, Eustáquio Lawa, Deley de Acari, Hélio de Assis e José Jorge Siqueira.[8] Em 2019, a editora Malê publicou uma antologia poética do coletivo,[9] sob organização de Semog, em que os versos dos poetas anteriores se encontram com os de Elisa Lucinda, Salgado Maranhão, Ana Cruz, Luís Turiba, Amélia Alves, Lia Vieira, Vivande B. Filho, Jurema Araújo e Cizinho AfreeKa.

Havia um movimento similar também em São Paulo: os *Cadernos negros*. A antologia de literatura afro-brasileira, custeada integralmente pelos próprios organizadores e por cada escritor, nasceu em 1978 ainda como um desdobramento dos encontros do Cecan (Centro de Cultura e Arte Negra), fundado em 1971 e que ocupa uma espécie de elo entre as gerações do movimento negro, desde José Correia Leite e a Associação Cultural do Negro (1954-1976) à geração de julho de 1978, do MNU.[10]

---

8 Eduardo de Assis Duarte, "#NegríciaPresente!", 2019.

9 Éle Semog (org.), *Amor e outras revoluções*, 2019.

10 Andressa Marques da Silva, "O Quilombhoje, o Grupo Negrícia e o debate pioneiro sobre o ensino de literatura afro--brasileira nos anos 1980", 2021.

Os idealizadores dos *Cadernos* – Oswaldo de Camargo, Cuti, Abelardo Rodrigues, Paulo Colina e Mario Jorge Lescano – perceberam que sua atuação extrapolava os muros do Cecan e, em meados de 1980, criaram o coletivo Quilombhoje. O neologismo fora sugerido por Cuti por comportar a atualidade do quilombo, a noção de retomada histórica e também a palavra "bojo" – "ou seja, a nossa literatura está no bojo de um movimento maior, que é o Movimento Negro Nacional".[11] O nome *Cadernos*, em plena era da datilografia, tampouco era obra do acaso, aludia aos diários de Carolina Maria de Jesus, que havia falecido em 1977.[12]

"Temos que pensar que estávamos em um regime de ditadura. Os grupos vão encontrando táticas de sobrevivência", contou Conceição em março de 2018.[13] "São os anos [1970] em que realmente essas lutas negras vão eclodir. E aí, a literatura, por quê? Porque a literatura é sempre um meio de dizer alguma coisa, você pode ver nas lutas africanas, você vai ver que os líderes africanos são poetas, são ficcionistas.

---

11 Luiz Silva (Cuti) *apud* Andressa Marques da Silva, *op. cit.*, 2021, p. 11.
12 "Quilombhoje", *Literafro*, 2023.
13 Vagner Amaro e Henrique Marques Samyn, *Quando eu morder a palavra*, 2023.

A literatura é um espaço de dizer as coisas, de você ser com muito mais veemência do que no discurso político e do que no discurso histórico." O angolano Agostinho Neto foi o primeiro texto de autor africano que leu. A coletânea *Poemas da liberdade* a marcou profundamente. Era como se abrisse um novo mundo aos seus olhos: "E do drama intenso/ duma vida imensa e útil/ resultou certeza:/ As minhas mãos colocaram pedras/ nos alicerces do mundo/ mereço o meu pedaço de pão".[14] Mais adiante, Agostinho Neto se tornaria objeto de estudo em sua tese de doutorado.

Juntos, grupos como o Negrícia e o Quilombhoje apontam para um *continuum* criativo de pessoas que se organizaram em defesa do acesso à educação para pessoas negras, mas tendo sempre no horizonte de expectativas o tipo de educação que almejavam, que incluía as próprias literatura e história.[15]

AO ESTREAR EM 1990, Conceição deu "um novo sopro e um brilho especial de coragem e tratamento estético" aos *Cadernos negros*, como admitiu Cuti em 2017.[16] A publicação de seus primeiros poemas no volume 13 da coletânea ajudou a incentivar a

---

14 Agostinho Neto, "Confiança", 1963.
15 Andressa Marques da Silva, *op. cit.*
16 Conceição Evaristo, *op. cit.*, 2017c.

FIO INVISÍVEL E TÔNICO

participação de mais mulheres nos *Cadernos*, o que vinha sendo feito também por Miriam Alves, Sônia Fátima da Conceição e Esmeralda Ribeiro. "Com o ingresso dos poemas e contos de Conceição, a vertente feminina ganhou mais volume e teor literário visceral", também afirmou Cuti.

Como o Quilombhoje é composto de um conselho editorial reformulado a cada ano, submeter um texto aos *Cadernos* implica repensar o próprio texto após as várias opiniões recebidas, muitas delas díspares. Ali, no entanto, não havia imposições que ameaçassem tolher sua singularidade – pelo contrário, reforçava o significado de pertencimento a um coletivo literário. Conceição se uniu também às vozes de Miriam Alves, Sonia Fátima e Esmeralda Ribeiro para incentivar a participação de mais mulheres na publicação.[17]

No volume 14 dos *Cadernos*, em 1991, estreia na prosa com os contos "Di Lixão" e "Maria", que em 2014 comporiam a coletânea *Olhos d'água*. Foram 28 poemas e 11 contos publicados em 13 volumes dos *Cadernos negros*, no período de 1990 a 2011, alternando anualmente poemas e contos, como também nas antologias realizadas como desdobramentos da série (*Cadernos Negros – os Melhores Poemas* e *Cadernos Negros – os Melhores Contos*, ambas de 1998;

---

17 *Ibidem*.

Cadernos Negros – Três Décadas e *Cadernos Negros/ Black Notebooks*, em dois volumes: poesia e prosa, estas últimas de 2008).[18]

"Todo lugar que eu ia, saía com minha bolsinha de livros para vender", me conta Conceição. Se os autores independentes não tomassem para si a tarefa de divulgar e vender os próprios livros, seus escritos não circulariam sozinhos. "As grandes livrarias – Travessa e coisa e tal – que têm toda essa autoria negra para vender hoje nem nos davam confiança."

Conceição fazia um trabalho de formiguinha: mostrava seus exemplares em eventos acadêmicos dos quais participava como pesquisadora e principalmente em reuniões do movimento negro, quando se sentia confortável para trocar textos com suas iguais, muitas das quais também professoras. Assim, os textos chegavam informalmente às salas de aula do ensino básico, estudantes passavam a discutir seus livros nas universidades, até surgirem as primeiras dissertações de mestrado e teses de doutorado sobre a sua obra.

Foi também de pouco em pouco que Conceição estreou no exterior, sobretudo em produções acadêmicas; publicou poemas e contos em antologias estrangeiras voltadas para a literatura afro-diaspórica, muitas vezes por indicação de algum conhecido ou

---

18 *Ibidem.*

FIO INVISÍVEL E TÔNICO

amigo que havia estudado no exterior, alguns países contavam até com programas de incentivo para esse tipo de publicação. Um levantamento de Stelamaris Coser remonta à presença de Conceição no circuito transnacional desde o fim da década de 1980.[19] Seu trabalho foi traduzido e incluído primeiramente nas antologias alemãs *Schwarze Prosa*, de 1988, e *Schwarze Poesie*, de 1993; alguns de seus poemas foram incluídos no volume bilíngue *Enfim nós / Finally Us*, de 1994; participa da coleção britânica *Moving Beyond Boundaries*, de 1995; e das coletâneas estadunidenses *Fourteen Female Voices from Brazil*, de 2002, e *Women Righting*, de 2004. Além disso, a obra de Conceição foi abordada duas vezes pela revista literária *Callaloo*, da Johns Hopkins University: primeiro em 1995 e depois em 2008.

Para explicar sua ascensão, a escritora recorre à sua ancestral literária, Carolina Maria de Jesus. Conceição rechaça a ideia de que Carolina tenha sido "descoberta" pelo jornalista Audálio Dantas. "A gente sabe que o movimento foi o contrário", disse.[20] A biografia de Carolina, escrita por Tom Farias, comprova que a autora já havia publicado alguns de

---

19 Stelamaris Coser *apud* Constância Lima Duarte, Cristiane Côrtes e Maria do Rosário Alves Pereira (orgs.), *Escrevivências*, 2023.

20 Vagner Amaro e Henrique Marques Samyn, *op. cit.*, pp. 21-22.

seus versos em jornais na década de 1930, muito antes de conhecer Audálio, no fim dos anos 1950. Não há dúvidas de que o encontro entre os dois ajudou a projetar a carreira de Carolina, mas não foi, nem de longe, um descobrimento. Pressupor que um homem branco de classe média, ainda que bem-intencionado, tenha descoberto uma mulher negra favelada é um pensamento tão paternalista quanto colonial; é negar a história e a agência de uma das maiores autoras da literatura nacional. "Eu tenho afirmado muito que em momento algum vão poder dizer que jornalista, que a mídia descobriu a escritora Conceição Evaristo; pelo contrário, o primeiro lugar de recepção dos meus textos foi dentro do movimento social negro", contou na mesma ocasião. "São essas pessoas que legitimam a minha escrita. Se hoje eu cheguei à mídia, é consequência desse movimento."

O mesmo acontecia com as editoras. O mercado editorial só começou a dedicar alguma atenção à literatura negro-brasileira entre os anos 2010 e 2020 – não sem antes sofrer pressão do público leitor, assim como sofreu a imprensa hegemônica, por mais autoria negra. O movimento podia ter se iniciado décadas antes, mas as editoras grandes preferiam não arriscar seu precioso capital em algo que não era "rentável" nem cabia nos padrões da "alta literatura". "Quando não se pode retirar do sujeito essa imagem negra, ele não cabe dentro do imaginário das pessoas que produzem literatura", disse Conceição num debate, em março de 2018. "Eu vou me lembrar agora de uma amiga que, quando a gente colocava as questões negras, ela – essa moça até faleceu – falava: 'Gente, é a maldição do tema.' Eu acho que para as grandes editoras essa autoria negra traz um tema maldito, que é um tema que não interessa mesmo."

Talvez a coisa tenha começado a mudar de figura em 2017. Djamila Ribeiro lançava a bem-sucedida coleção *Feminismos Plurais*, que vem apresentando ao público leigo conceitos como lugar de fala, racismo recreativo, interseccionalidade e apropriação cultural. O projeto foi acolhido primeiro pela editora Letramento e relançado pela Jandaíra em 2019. Comercializados inicialmente a menos de vinte reais, o conjunto dos doze livros somam mais de 200 mil exemplares vendidos.[21] Na ficção, a Todavia publicou *Torto arado*, de Itamar Vieira Junior, em 2019. Vencedor do Prêmio Leya, de Portugal, o livro conquistou o Jabuti de melhor romance literário em 2020 e se tornou uma espécie de fenômeno literário: até o primeiro semestre de 2024, as vendas se aproximavam da marca de 900

---

21 Pedro Carvalho, "'Estou tanto na universidade como em Parelheiros', diz Djamila Ribeiro", *Veja São Paulo*, 14 abr. 2022.

mil exemplares.[22] No ano seguinte, a Companhia das Letras lançou *O avesso da pele*, romance de Jeferson Tenório que conquistou a crítica – recebeu o Jabuti de melhor romance literário em 2021 – e o público – com mais de 200 mil exemplares vendidos.[23]

Além de investir em novos nomes, enfileiram-se os casos de autores negros "redescobertos". *Um defeito de cor*, aclamado pelo público desde 2006, ganhou uma edição especial, em novo projeto gráfico, pela Record, com ilustrações da artista Rosana Paulino – o conjunto da obra, com quase mil páginas, soma mais de cem mil exemplares vendidos. O resgate também retoma nomes pioneiros, como Oswaldo de Camargo, um dos fundadores do Quilombhoje. Aos 85 anos, a obra de Oswaldo começou a ser reeditada pela Companhia das Letras: estreou no grupo editorial com a coletânea de contos *O carro do êxito*, em 2021, seguido de *30 poemas de um negro brasileiro*, em 2022, e o romance *A descoberta do frio*, em 2023. Foi só em 2022 que o recém-criado Círculo de Poemas, parceria entre as editoras Fósforo e Luna Parque, de

---

22 Ancelmo Gois, "Só dá Itamar Vieira Junior, autor de 'Torto arado', que está próximo dos 900 mil livros vendidos", *O Globo*, 13 abr. 2024.

23 Crisley Santana, "Jeferson Tenório divulga início das vendas do seu novo romance", *Gazeta de S.Paulo*, 12 set. 2024.

São Paulo, publicou uma plaqueta de poesias de Miriam Alves, nos 70 anos da autora. Aos 93 anos, Carlos de Assumpção viu seus poemas serem reunidos pela Companhia das Letras, em 2020, no volume *Não pararei de gritar*. Carolina Maria de Jesus, apesar do estrondoso sucesso de vendas de *Quarto de despejo*, morreu sem conseguir espaço para publicar sua obra completa, ou ainda que seus livros respeitassem suas escolhas estético-literárias, como nos casos de *Diário de Bitita*, *Casa de alvenaria* e o romance *O escravo*.

A consagração tardia de tantos baluartes da nossa literatura é algo que enraivece Conceição: "Que regras são essas da sociedade brasileira que aos 71 anos é que uma mulher negra consegue uma visibilidade dentro da literatura?", disse em 2018. "Nada do que estou ganhando é prêmio. A sociedade brasileira tem uma dívida com todos nós."[24] É também por isso que prefere manter sua obra em editoras pequenas e médias, sobretudo naquelas que apostaram em escritores negros numa época em que prevalecia a ideia de que negros não liam, que dirá escreviam. "É uma questão ideológica, de ética, de gratidão. Nunca vou deixar de estar com editoras negras e as que estiveram comigo no princípio da minha carreira", me diz ela.

* * *

---

24 Vagner Amaro e Henrique Marques Samyn, *op. cit.*, p. 33.

É DO ESCRITÓRIO DA Mazza Edições, em Belo Horizonte, que saíram os primeiros mil exemplares da primeira publicação solo de Conceição em 2003. *Ponciá Vicêncio* passou quase dez anos na gaveta até Conceição acreditar que valia a pena investir na publicação, muito pelo encorajamento da professora e pesquisadora de literatura Maria José Somerlate Barbosa. Se a primeira edição havia sido custeada integralmente por Conceição, a segunda, em 2006, teve os custos divididos com a editora. O investimento não tardou em lhe render bons frutos: em 2007, o romance apareceu na lista de leitura obrigatória dos vestibulares da UFMG (Universidade Federal de Minas Gerais) e do Cefet-MG (Centro Federal de Educação Tecnológica de Minas Gerais); a Mazza logo tratou de produzir uma edição de bolso em 2008 para atender à crescente demanda dos estudantes – em 2009, a Escola de Cadetes de Barbacena acrescentou o livro à bibliografia para os concursos de admissão, e, em 2009 e 2010, a Universidade Estadual de Londrina fez o mesmo.[25] Nos últimos anos, a UFRGS (Universidade Federal do Rio Grande do Sul)[26] e a

25 Conceição Evaristo, *Ponciá Vicêncio*, 2017d.
26 "Lista de leituras obrigatórias do vestibular da UFRGS tem 4 novos títulos", *Zero Hora*, 2 maio. 2023.

UPF (Universidade de Passo Fundo)[27] também passaram a adotar a obra.

Em novembro de 2008, outra conquista: *Ponciá Vicêncio* desembarcou nas livrarias estadunidenses por meio da Host Publications – o que torna Conceição Evaristo a segunda escritora afro-brasileira a ter uma obra publicada em terras estrangeiras; a primeira foi Carolina Maria de Jesus. O livro viajou para a França, via Anacaona, e para o México, pela Casa Ankili. Em 2017, uma terceira edição brasileira chegou ao público pela Pallas, primeira editora de médio porte a acolher sua obra.[28] A mudança editorial logo impactou as vendas da escritora. No ano seguinte, o livro foi selecionado para o PNLD (Programa Nacional do Livro Didático), do Ministério da Educação, sendo adotado por escolas públicas Brasil afora. Mais bem estruturada no mercado, a Pallas conta ainda com um amplo serviço de distribuição e seus livros são bem recebidos nas maiores livrarias do país; ainda uma barreira para as editoras pequenas e independentes.

"Conto a história de publicação do livro para enfatizar um ponto de vista que tenho afirmado sempre. Se para algumas mulheres o ato de escrever está imbuído de um sentido político, para outras, esse

---

27 "UPF divulga data do Vestibular de Verão 2024 e obras literárias recomendadas", *Universidade de Passo Fundo*, 22 ago. 2023.
28 Conceição Evaristo, *op. cit.*, 2017d.

sentido é redobrado", escreve Conceição no prefácio do livro. "O ato político de escrever vem acrescido do ato político de publicar", uma vez que a condição étnica e social, além de gênero, também se configura como um entrave para a oportunidade de publicação e o reconhecimento de escritas.

A saga para conseguir publicar, aliás, se repete na maioria de seus livros. *Becos da memória* foi publicado pela mineira Mazza Edições, em 2006, reeditado pela florianopolitana Editora Mulheres, em 2013, depois pela carioca Pallas, em 2017. *Poemas da recordação e outros movimentos* saiu pela mineira Nandyala, em 2008, é reeditado dois anos depois e, em 2017, passa a compor o catálogo da carioca Malê. A coletânea de contos *Insubmissas lágrimas de mulheres* foi lançada pela Nandyala em 2011 e reeditada pela Malê em 2016. O romance *Canção para ninar menino grande* foi publicado pela paulistana Unipalmares em 2018 e foi reeditado – com diversas mudanças no texto original, por escolha da autora – pela Pallas em 2022. Os únicos livros que passaram apenas por uma editora são *Olhos d'água*, coeditado pela Pallas e Fundação Biblioteca Nacional, em 2014; *Histórias de leves enganos e parecenças*, pela Malê, em 2016; e *Macabéa, flor de Mulungu*, pela Oficina Raquel, também do Rio de Janeiro, em 2023.

* * *

FIO INVISÍVEL E TÔNICO

EM 20 DE NOVEMBRO de 1995, cerca de 30 mil ativistas vindos de todo o Brasil marcharam na Esplanada dos Ministérios, em Brasília, numa articulação entre o movimento social negro e as duas principais centrais sindicais: a Central Única dos Trabalhadores e a Força Sindical. A Marcha Zumbi dos Palmares, contra o Racismo, pela Cidadania e pela Vida marcava o tricentenário de morte do herói negro. A manifestação foi um momento emblemático, marcando um ponto de inflexão na democracia brasileira: "A temática das desigualdades raciais não configura um problema dos e para os negros, mas se refere à essência da invenção democrática", trazia o manifesto.

No dia da Marcha, um grupo de ativistas foi recebido no Palácio do Planalto por Fernando Henrique Cardoso e entregou um importante documento com reivindicações sociopolíticas para a população negra, em áreas como saúde, educação, violência e trabalho, incitando a responsabilidade do Brasil, em nível internacional, com o combate ao racismo. O então presidente discursou na ocasião, reafirmando que havia construído "um diálogo fecundo com os movimentos negros organizados", e instituiu o Grupo de Trabalho Interministerial para Valorização da População Negra, encarregado de propor políticas públicas voltadas para a redução da desigualdade racial.[29] Ventilava-se sobretudo a ideia de ações afirmativas, mas a proposta não ia para a frente.

Quatro universidades estaduais decidiram, então, agir por conta própria na virada do milênio, reservando vagas com critérios socioeconômicos e voltados para pretos e pardos: são elas a Universidade Estadual do Rio Grande do Sul, a Universidade Estadual do Rio de Janeiro, a Universidade Estadual da Bahia e a Universidade Estadual Norte Fluminense Darcy Ribeiro. A discussão finalmente chegou ao Congresso Nacional. Mas o que parecia uma trajetória de sucesso sofreu diversas reações, desde abaixo-assinados de intelectuais brasileiros contra as cotas a uma ação judicial, junto ao Supremo Tribunal Federal, de inconstitucionalidade. No STF, a discussão chegou ao fim em abril de 2012, com a aprovação, por unanimidade, da constitucionalidade do mecanismo. A política de cotas, que estava parada no Congresso há dez anos, foi aprovada e instituída como lei, passando a ser adotada em todo o país a partir dos certames de 2013.

Essa foi uma das grandes vitórias – se não a maior – do movimento negro contemporâneo. Seu efeito pode ser visto não só nas salas de aula das universidades públicas, mas também no mercado de tra-

---

29 Marilene de Paula, "Políticas de ação afirmativa para negros no governo Fernando Henrique Cardoso (1995-2002)", 2010.

FIO INVISÍVEL E TÔNICO

balho, forçando a entrada de profissionais negros e indígenas cada vez mais qualificados. Desde então, há uma revisão sistemática de bibliografias e formas de ensino que não comportam os saberes, as mitologias, os costumes afro-brasileiros e indígenas. "Para mim, a educação brasileira hoje, por mais que haja sucateamento, tem um corpo discente que chegou marcando espaço, que chegou exigindo, que chegou com outras experiências", disse Conceição em 2023. "Se hoje, fisicamente, as universidades que têm cotas, tanto a cota racial como a cota social, apresentam uma outra feição, daqui a uns tempos, esse corpo que hoje é discente vai ser o corpo docente. Vai marcar mais ainda essa mudança na educação brasileira." Conceição analisava o cenário não só como acadêmica, mas também como professora titular da Cátedra Olavo Setubal de Arte, Cultura e Ciência desde setembro de 2022. O curso, que existe desde 2016 numa parceria entre a USP e o Itaú Cultural, havia sido ministrado por um diplomata, um ativista social, um antropólogo argentino, dois críticos de arte e uma bioquímica, mas nunca por um docente negro. Em 2022, aos 76 anos, Conceição Evaristo seguia sendo a primeira mulher negra a ocupar um lugar importante num canto da sociedade brasileira. Cansativo, para dizer o mínimo.

Ao entrarem pela porta da frente, os novos alunos não querem só aprender, querem construir em conjunto, desafiando o modo de ensino aprendido em décadas de docência. Experimentam a solidão no novo espaço, mas se unem por meio de coletivos negros. Ter ingressado na universidade após as cotas mudou a minha relação com a minha negritude. Em que pesem as críticas ao modelo – há pouco auxílio financeiro para viabilizar a permanência de estudantes de baixa renda, por exemplo –, há um Brasil antes e depois da política de cotas. O assunto passou a ocupar papel cada vez mais central em seminários, encontros e publicações nacionais, tais como a *Enciclopédia brasileira da diáspora africana*, de Nei Lopes, em 2004, e a III Conferência Internacional da Diáspora Africana, no Rio de Janeiro, em 2005. Deve-se destacar ainda o trabalho pioneiro do professor Eduardo de Assis Duarte ao organizar a antologia *Literatura e afrodescendência no Brasil*, publicada em quatro volumes em 2011 e reimpressa em 2014.

O contexto internacional também corroborou essas reivindicações, por influência da Conferência Mundial das Nações Unidas contra o Racismo, a Discriminação Racial, a Xenofobia e a Intolerância, que ocorreu em 2001, em Durban, na África do Sul. A popularização das redes dinamizou movimentos como o #MeToo, contra o assédio sexual na indústria audiovisual de Hollywood, em 2006; o #BlackLives-Matter (Vidas negras importam), contra a violência policial, em 2013; e o #ReadWomen (Leia mulheres), em 2014. As redes sociais tornaram-se não só uma forma de denunciar as desigualdades de gênero, social e étnico-racial, como uma plataforma para propor novas conversas. Com muito furor, a masculinidade, a cisheteronormatividade e a branquitude são questionadas como padrão. E tudo isso deságua no jornalismo, na literatura, no mercado editorial, no debate cotidiano, no maior festival literário do país, a Flip.

"Este silenciamento do nosso existir em uma feira que se reivindica cosmopolita, mas está mais para Arraiá da Branquidade, insere-se no passado-presente de escravidão." As palavras da historiadora Giovana Xavier ecoaram por toda a edição da Flip 2016. Professora da Faculdade de Educação da UFRJ e coordenadora do Grupo de Estudos e Pesquisas Intelectuais Negras/UFRJ, idealizou a campanha #vistanossapalavraflip2016 com Janete Santos Ribeiro. As pesquisadoras viam com horror a embranquecida programação principal do evento. Em homenagem a Ana Cristina Cesar, a feira apostou numa presença expressiva de convidadas mulheres (17 num universo de 39 convidados), indo ao encontro dos debates feministas que tomavam as redes sociais e começavam a ganhar as ruas. Não previu, no entanto, que a ausência de autores negros pudesse causar tamanho burburinho. Não se falava em outra coisa. De que vale uma maioria feminina com a completa ausência de autoras e autores negros na programação oficial? No debate "De onde eu escrevo", parte da programação paralela do Itaú Cultural no evento, Conceição Evaristo apresentou suas críticas diretamente ao curador da edição, Paulo Werneck, que estava na plateia. E sua voz ecoou a indignação coletiva, tornando-a símbolo daquela edição. "Se não lemos todos os passos criativos da nação, estamos lendo uma nação em pedaços, estamos lendo uma nação incompleta", afirmou a escritora.[30]

No ano seguinte, a Flip fez o dever de casa. Mapeou a literatura que estava fora dos radares, com especial atenção a pequenas editoras, como a Mazza, em Belo Horizonte, a Malê, no Rio, e a Kapulana, em São Paulo. Entre os convidados negros, estavam o jamaicano Marlon James, o estadunidense Paul Beatty, a ruandesa Scholastique Mukasonga, o baiano Lázaro Ramos e os mineiros Edimilson de Almeida Pereira, Ana Maria Gonçalves e Conceição Evaristo.

---

30 Vinícius Lisboa, "'Estamos lendo uma nação incompleta', diz autora sobre falta de negros na Flip", *Agência Brasil*, 4 jul. 2016.

FIO INVISÍVEL E TÔNICO

"Que a gente comece a pensar a literatura indígena e negra como algo integrado à literatura brasileira", pediu Ana Maria Gonçalves, já no início de sua mesa com Conceição, dando o tom que a conversa teria. A escritora septuagenária foi a protagonista de "Amadas", uma reconstrução de sua trajetória a partir de imagens e leituras. O encontro tinha como pretensão não apenas homenagear Conceição, mas também àquelas que a influenciaram. Naquela ocasião, o tributo a outras vozes femininas africanas e da diáspora negra – como Angela Davis, Audre Lorde, Carolina Maria de Jesus, Josefina Herrera, Nina Simone, Noémia de Sousa, Odete Semedo, Paulina Chiziane e Toni Morrison – assumia os contornos de uma visita à biblioteca de Conceição.[31]

JUNTO DOS AMIGOS e amigas feitos nos movimentos negros, Conceição compôs um de seus poemas mais célebres. Há como recuperar a oralidade da poesia no álbum *Bom mesmo é estar debaixo d'água*, de Luedji Luna. Os versos de "Ain't Got No", que ficaram conhecidos mundialmente no tom de Nina Simone, encontraram a voz de Conceição, a recitar "A noite não adormece nos olhos das mulheres":

---

31 Conceição Evaristo, "Flip 2017 - 'Amadas', com Ana Maria Gonçalves e Conceição Evaristo" [vídeo], 2017.

CONCEIÇÃO EVARISTO

A noite não adormece
nos olhos das mulheres
a lua fêmea, semelhante nossa,
em vigília atenta vigia
a nossa memória.

A noite não adormece
nos olhos das mulheres
há mais olhos que sono
onde lágrimas suspensas
virgulam o lapso
de nossas molhadas lembranças.
[...]

A inspiração do poema nasceu mesmo num dia de *kizomba*. A data escapou à memória de Conceição, mas era na década de 1990. Beatriz Nascimento havia sido convidada para dar uma aula no então Centro Cultural José Bonifácio – o hoje Muhcab (Museu da História e da Cultura Afro-Brasileira) –, na Gamboa, na Pequena África do Rio. O ator Hilton Cobra, então diretor da instituição, entregou o pró-labore a Conceição para que ela o repassasse à amiga. Juntas, Bia e Conceição resolveram celebrar. Começaram bebendo algumas cervejas na Cinelândia, no centro da cidade, e acabaram na calçada do antigo Cane-cão, em Botafogo, na Zona Sul. "Eu não tinha mais dinheiro, o pró-labore de Bia já tinha ido, mas eu

FIO INVISÍVEL E TÔNICO

não queria ir para a casa de Bia e ela não me deixava vir pra casa", contou Conceição. As duas esperaram juntas o nascer do sol.[32] "Eu sei que as pessoas ficam meio decepcionadas", disse à plateia da Flup 2023, "porque ninguém imagina que um poema tenha nascido depois de uma noite de bebedeira".

O que ninguém imaginaria era que, meses depois, as duas se reencontrariam novamente em Botafogo, desta vez no Cemitério São João Batista. Na segunda-feira, dia 30 de janeiro de 1995, o corpo de Beatriz foi velado por cerca de trezentas pessoas, entre familiares, amigos e integrantes do movimento negro. A historiadora foi assassinada no sábado, após ter aconselhado uma amiga, vítima de violência doméstica, a largar o companheiro. "O problema é que ele não aceitou a ingerência de uma pessoa negra no relacionamento", disse o historiador e babalaô Ivanir dos Santos à época.[33] Cinco tiros acertaram o corpo de Maria Beatriz Nascimento, a mulher que revolucionou a forma de se pensar a história dos negros no país.[34] Ela tinha 52 anos.

---

32 Conceição Evaristo e Nêgo Bispo, "Mesa: Confluências e escrevivências, muito mais do que rimas" [vídeo], 2023.
33 Paulo Gramado, "Professora pode ter sido morta por racismo", *Folha de S.Paulo*, 31 jan. 1995.
34 *Ver* Alex Ratts (org.), *Uma história feita por mãos negras*, 2021.

Em sua memória, Conceição publicou o poema na edição de 1996 dos *Cadernos negros*. E, desde então, aquela noite, a primeira, tem sido eterna.

[...]
A noite não adormece
nos olhos das mulheres,
vaginas abertas
retêm e expulsam a vida
donde Ainás, Nzingas, Ngambeles
e outras meninas-luas
afastam delas e de nós
os nossos cálices de lágrimas.

A noite não adormecerá
Jamais nos olhos das fêmeas,
pois do nosso sangue-mulher
de nosso líquido lembradiço
em cada gota que jorra
um fio invisível e tônico
pacientemente cose a rede
de nossa milenar resistência.

10. DO ÁRDUO REFAZER DE MIM

UM PROFESSOR, COM MICROFONE preso à orelha, comparava a dança de um mestre-sala com os movimentos de capoeira. Ele estava diante da estátua de Mercedes Baptista, primeira bailarina negra do Theatro Municipal do Rio, no Largo São Francisco da Prainha, no Centro. Segui o grupo de estudantes, que dobrou à direita até o Beco João Inácio, número 4. O guia se pôs à frente do sobrado e apresentou a Casa Escrevivência às crianças. Eram dez horas da manhã de uma terça-feira. A turma seguiu o percurso pela Pequena África, e eu entrei no sobrado, onde estava a equipe do programa *Bom Dia Favela*, da Band Rio, à espera de Conceição. O silêncio que se seguia só foi rompido vinte minutos depois, pelo grito estridente de uma turma de Ensino Fundamental. "Sim, é ela", disse a professora.

Conceição entrou na sala e secou o rosto com uma toalhinha de algodão. Ao cumprimentar os jornalistas, brincou: "Não precisa falar pra ninguém que eu me atrasei, viu?" A escritora aproveitou o tempo em que a equipe preparava o cenário para fofocar com as amigas – sobre o que tinha visto na Flitabira na semana anterior, ocasião em que recebeu o Troféu Juca Pato de Intelectual do Ano de 2023. Na plateia, estava um rapper na casa dos cinquenta anos com "cara de menino" – "devia ser proibido ser bonito assim", disparou.

CONCEIÇÃO OCUPA HOJE um lugar muito sedutor: por vezes, é apresentada como a grande representante da literatura negra pela imprensa, uma tentativa de "pinçar" um único profissional negro para mascarar a desigualdade racial.[1] Ao escolher uma escritora como porta-voz de um grupo tão diverso, coloca-se uma sombra sobre todas as outras autoras. Sua trajetória, ela insiste, não pode ser apartada do coletivo. "Eu só tenho essa firmeza porque eu sei que tem um coletivo atrás de mim que me sustenta. Pode ser um lugar

---

1 Muniz Sodré, *Claros e escuros*, 2015.

prazeroso quando você pensa em vaidade pessoal, claro, também não nego a minha vaidade, mas é um lugar também perigoso", alertava já no início de 2018, muito antes de concorrer à ABL ou se tornar imortal na Academia Mineira de Letras. Nomeá-la como a exceção só confirma a regra. "Ainda bem que a minha idade já me dá uma sabedoria para lidar com isso!", repetia para si mesma.

Quando Conceição Evaristo foi ao Salão do Livro de Paris em 2015, sua presença causou certo furor na imprensa brasileira. Depois de participar de um debate, deu autógrafos, tirou fotos e conversou com leitores por quase uma hora. Foi um dos nomes brasileiros mais assediados do evento. Durante a visita de François Hollande, então presidente francês, foi destacada entre os 43 autores da delegação brasileira para representar o país. Afinal, que autora é essa que atraía tamanho interesse na França, mas cujos livros eram tão pouco conhecidos no Brasil? "Sei que meu caso chama a atenção porque não é muito comum uma escritora brasileira negra participar de uma feira internacional. A gente fica como fruta rara", disse na ocasião.[2] "E não é que não tenhamos autoras negras. Geni Guimarães, Mira Alves, Ana Maria Gonçalves,

---

2 Lucas Neves, "Negra em Salão do Livro causa furor, diz autora brasileira", *Folha de S.Paulo*, 23 mar. 2015.

Lia Vieira são só algumas." Estava no evento também para lançar a edição francesa de *Ponciá Vicêncio*, romance publicado doze anos antes no Brasil. No ano seguinte, numa entrevista a Vagner Amaro, editor da Malê, confessou: "Às vezes, penso que sou mais conhecida fora do Brasil do que aqui."[3]

O ano de 2015 foi paradigmático em sua carreira: além do evento em Paris, ganhou o Jabuti de Contos com *Olhos d'água*. No ano seguinte, relançou *Insubmissas lágrimas de mulheres* pela Malê, participou da programação paralela da Flip e desempenhou papel importante no confronto à ausência de escritores negros na programação oficial, conforme mencionei. Em 2017, foi inaugurada a Ocupação Conceição Evaristo, na sede do Itaú Cultural, em São Paulo, e quatro de seus livros receberam novas edições: *Ponciá Vicêncio* e *Becos da memória*, pela Pallas; *Poemas da recordação e outros movimentos* e *Histórias de leves enganos e parecenças*, pela Malê. Dali em diante, Conceição se tornaria uma figura inescapável da literatura brasileira.

A escritora teme, no entanto, que o interesse pela sua trajetória tome o espaço da sua literatura. Desde que despontou na mídia, repete insistentemente:

---

3 Vagner Amaro e Henrique Marques Samyn, *Quando eu morder a palavra*, 2023, p. 47.

DO ÁRDUO REFAZER DE MIM

"Leiam meus livros, não minha biografia",[4] afirmando sempre com muita veemência que é uma intelectual, não um corpo a ser exibido. "Leiam o texto, porque senão se aponta a grande escritora negra e o que é que se leu dela? Eu não quero que as pessoas leiam minha imagem, eu quero que as pessoas leiam o meu texto."

PELAS PAREDES DO SOBRADO de um quarto e sala, obras de arte reverenciam sua literatura, como o bordado na capa de *Insubmissas lágrimas de mulheres* e a aquarela em *Olhos d'água*. Conceição é saudada por vida, cor, sonho, luta, amor, poesia e coração em um cartaz de cerca de um metro de altura feito pelo Movimento Negro Unificado. Próximo à porta, um tecido translúcido estampado com seu rosto balança ao movimento do vento. Por todo canto, centenas de livros; até mesmo, suponho, nas dez caixas de plástico sobre a escada – trabalho de sobra para Evellyn de Sá, única bibliotecária voluntária.

A Casa Escrevivência é um projeto gestado há tempos por Conceição.[5] Nasceu na medida em que

---

4 Juca Guimarães, "Conceição Evaristo: 'Não leiam só minha biografia. Leiam meus textos", *Brasil de Fato*, 20 nov. 2018.
5 Vinícius Lisboa, "Conceição Evaristo abre Casa Escrevivência, espaço cultural no Rio", *Agência Brasil*, 20 jul. 2023.

a escritora construía um acervo de livros, cartazes, fôlderes, menções honrosas e prêmios. Na casa de dois andares em que morava em Maricá com a filha, o acervo ocupava praticamente todo o segundo pavimento. "Livro na estante não significa nada. Ser um acervo para barata e cupim comer?", disse Conceição na ocasião. "O que dá sentido ao livro é o seu uso, quando esse texto é lido."

Inicialmente, pensou em montar uma biblioteca comunitária, mas, conforme o pensamento foi amadurecendo, percebeu que gostaria de reunir não só livros, mas também revistas científicas, teses e dissertações, formando um centro de documentação de literatura afro-diaspórica. "Tudo estaria aqui, para quem quiser acessar ou fazer um estudo crítico da minha obra", explicou.

Em um breve levantamento nos repositórios digitais das dez melhores universidades do país,[6] encontrei 1.082 teses de doutorado e dissertações de mestrado relacionadas a Conceição Evaristo. Quanto ao seu conceito-chave, escrevivência, foram 303 resultados até julho de 2024. Se o filtro é ampliado para abarcar

---

6 USP, Unicamp, UFRJ, Unesp, PUC-Rio, UFMG, Unifesp, UFRGS, UnB e UFSC, de acordo com o QS World University Rankings divulgado em junho de 2024.

artigos acadêmicos, dossiês, apresentações em seminários, anais de congressos e trabalhos de conclusão de graduação, a soma se torna praticamente incontável. O fato é que milhares de estudantes Brasil afora dedicam ao menos dois anos de sua vida debruçados sobre alguma obra ou conceito da escritora; e isso tudo num intervalo de menos de vinte anos, se considerarmos que Conceição publicou seu primeiro livro em 2003 e tornou-se doutora em Literatura Comparada em 2011.

A relevância da Casa foi reconhecida pelo Iphan (Instituto do Patrimônio Histórico e Artístico Nacional)[7] como parte do Comitê Gestor do Sítio Arqueológico Cais do Valongo, que é reconhecido como Patrimônio Mundial pela UNESCO, em março de 2023, três meses antes de sua abertura ao público, concedendo a ela um assento no Comitê Gestor do Sítio Arqueológico Cais do Valongo, onde funcionou o principal porto de entrada de africanos escravizados no Brasil e nas Américas.

Conceição reconhece que a casa pequena – uma espécie de lojinha que cabe de quinze a vinte pessoas – acaba restringindo o acesso de pesquisadores, professores e estudantes, mas foi o que permitiu jogar essa ideia na rua. "Este espaço é apenas o tira-gosto",

---

7 "Portaria Iphan nº 88, de 20 mar. 2023", *Diário Oficial da União*, 21 mar. 2023.

disse. A intenção é que a Casa tenha um imóvel maior, onde possam ocorrer também exposições e lançamentos de livros. "É uma maneira também de chamar a atenção de instituições que queiram nos ajudar para conseguir fundos para comprar um imóvel. Um dos nossos projetos é também acolher pesquisadores que venham de fora e possam dormir na própria Casa." Até o primeiro semestre de 2024, a equipe da Casa era formada por uma rede de educadoras voluntárias, tais como a jornalista Etiene Martins, a bibliotecária Evellyn de Sá, a designer Tainá Evaristo, a assessora Margot Abrahão, e as professoras Jurema Agostinho, Angela Bispo e Islene Motta.

Para o pontapé inicial, conseguiu apoio de botequins do Largo, das editoras Malê e Pallas, da Fundação Casa de Rui Barbosa e do Ministério da Cultura para um lançamento em três atos, em pleno Julho das Pretas, mês em que se celebra o Dia Internacional da Mulher Negra Latino-Americana e Caribenha. A semana se iniciou com uma *live* entre Conceição e Flávia Oliveira sob o título "História que meus livros não contam" no dia 18 de julho de 2023; na noite seguinte, dia 19, o tema "As escrevivências que nos aproximam" deu o tom do bate-papo entre a autora, Jurema Werneck, Erica Malunguinho e Fernanda

DO ÁRDUO REFAZER DE MIM

Felisberto, seguido de uma sessão de autógrafos com dez escritoras negras independentes e um *pocket show* de Marina Iris na Casa de Rui Barbosa; e, no dia 20, uma sessão de autógrafos com Conceição na porta da Casa Escrevivência encerrou a programação. Para se ter uma noção das multidões que a literata atrai, a sessão de autógrafos que se iniciou às 17h no Beco João Inácio terminou apenas à meia-noite.

Na semana seguinte, dia 30, Conceição e sua equipe caminharam juntas pela orla de Copacabana durante a IX Marcha das Mulheres Negras. Um percurso insistentemente interrompido por leitoras que tiravam fotos e gravavam vídeos. Até um momento em que começaram a puxar e empurrar a escritora em busca de um registro. Ludmilla Lis e Etiene Martins a afastaram do tumulto e a trouxeram para perto da calçada para que Conceição pudesse respirar; retraçaram a rota e voltaram à Avenida Atlântica. Agora, formavam um cerco ao redor da escritora, com a bandeira da Casa Escrevivência à sua frente. Fotos e vídeos seriam gravados somente a partir dali, com leitoras agachadas à sua frente.

* * *

"OLHA, EU NÃO CONHEÇO nada do que você está propondo, mas eu vou te dar um voto de confiança", disse Pina Coco ao ouvir o objeto de estudo de Conceição. A abertura da orientadora foi fundamental para que a dissertação de mestrado tomasse corpo, mas não amenizou a dificuldade do estudo. "Não tinha nenhuma pesquisa acadêmica de peso sobre o que eu ia trabalhar, tinha apenas alguns artigos", me conta ela. Não havia colegas nem professores negros, e ela era uma das poucas alunas com quase 50 anos na pós-graduação em Letras da PUC-Rio. "Mesmo me sentindo uma estranha no ninho, isso não impediu que eu seguisse com aquilo que eu queria."

Viúva e mãe solo, Conceição frequentou muitas aulas da pós-graduação acompanhada de Ainá. "Não podia pagar ninguém para cuidar dela, então ela ficava sentada no corredor da universidade e eu sentava na porta para ficar olhando. Em uma outra fase, eu calculava o tempo de ela ficar sozinha e ficava ligando para a casa do orelhão", lembrou.[8]

Na dissertação, Conceição confronta os estereótipos cultivados nas letras brasileiras – em romances

---

8 Paola Deodoro, "Conceição Evaristo: 'O importante não é ser a primeira mulher negra na ABL. Mas abrir perspectiva'", *Revista Marie Claire*, 8 mar. 2024.

DO ÁRDUO REFAZER DE MIM

de Bernardo Guimarães, Josué Montello, Aluísio de Azevedo e Jorge Amado – com um movimento literário que há tempos vem apresentando novas formas de escrita – com autores da estatura de Cruz e Sousa, Domingos Caldas Barbosa, Luís Gama, Lima Barreto, Maria Firmina dos Reis, Carolina Maria de Jesus, Mãe Beata de Yemonjá, Geni Guimarães. É por essa rica genealogia que a escritora nos adverte que nossos passos vêm de longe. No bojo de sua pesquisa, cunhou o conceito de escrevivência como uma teoria de criação de texto. Tornou-se mestre em Letras aos 50 anos, em 1996.[9]

O título de doutora em Literatura Comparada veio só quinze anos depois, aos 65 anos. Apresentou o tema à orientadora Laura Padilha, da UFF (Universidade Federal Fluminense): a poesia negra produzida no Brasil e em países africanos lusófonos. Mas, diante do material disponível à época, precisou abandonar o capítulo destinado à poesia negro-feminina. Teve que recalcular sua rota. Focou a pesquisa na poesia do angolano Agostinho Neto e dos brasileiros Nei Lopes e Edimilson Almeida Pereira.[10] Malungos, os cânticos irmanados dos autores apontam não só

9 Conceição Evaristo, "Literatura negra", 2009.
10 *Idem*, "Poemas malungos", 2011.

239

uma afinidade linguística (o português sob influência banto), mas principalmente pelas afinidades étnica e histórica entre africanos e afro-brasileiros. "A evocação de um passado comum no território africano, o reconhecimento de irmãos que se dispersam, a denúncia da colonização e da exclusão, o desejo de afirmação do sujeito africano e do sujeito afro-brasileiro – este como um herdeiro da africanidade – são elementos que (con)fundem os textos africanos e os diaspóricos, sem anular, entretanto, as diferenças, as peculiaridades de cada criação", escreveu Conceição em sua tese. À nossa autora, interessava os modos e os lugares de enunciação dos escritores, como agentes de uma poética afirmativa de identidades simultaneamente individual e coletiva.

Quando precisava espairecer em meio à pesquisa da tese, Conceição se refugiava na escrita de *Insubmissas lágrimas de mulheres*. O livro nasceu de uma provocação feita pela escritora e documentarista Edileuza Penha de Souza: por que nossas histórias são sempre tão dolorosas? Não podemos criar finais felizes? Conceição, que tinha adquirido fama de "assassina" por matar muitos de seus personagens, irritou-se com a pergunta. "Se você quer ver final feliz, vai ver novela da Globo", retrucou. Em 2017,

DO ÁRDUO REFAZER DE MIM

num evento no Centro Cultural Banco do Brasil, justificou sua reação. "Não mato por querer, não, que também é outra questão que depois podemos pensar, o que significa a morte nos textos de literatura afro-brasileira? [...] Eu não considero os [meus] finais tão infelizes assim, porque, mesmo os textos que apontam para morte, apontam para esperança". Uma anotação sem data, escrita à mão e exposta na Ocupação do Itaú Cultural, explica o raciocínio de Conceição: a sua escrevivência "vem de uma teimosia, quase insana, de uma insistência que nos marca e que não nos deixa perecer, apesar de. Pois entre a dor, a dor e a dor, é ali que reside a esperança".

Mesmo depois de se irritar com a pergunta da amiga, continuou pensando no assunto e impôs-se um desafio: escrever um livro inteiro sem matar nenhum personagem. Nos contos de *Insubmissas*, nenhuma protagonista está na linha da pobreza, elemento comum à literatura de Conceição. Elas têm uma vida que garante o direito mínimo de se alimentar e ter um teto para dormir, passam por uma saga de sofrimento, mas se mantêm resilientes. Os finais felizes, muito diferente das novelas brasileiras, caminham junto ao reconhecimento de sua própria ancestralidade. "Talvez, a geração dos nossos netos já nasça ou possa contar uma história que parta de um berço feliz; a minha geração e da minha filha é uma geração que ainda olha para esse passado e tem esse passado de dor para contar", explicou.

Os desafios literários a que Conceição se impõe, no entanto, não pararam em *Insubmissas*. Publicou *Canção para ninar menino grande*, seu primeiro romance com um protagonista masculino, em 2018, pela Editora Unipalmares. O livro desmorona o mito da masculinidade ao construir uma história narrada pelas mulheres com quem Fio Jasmim se relacionou. O personagem é apresentado simultaneamente como o centro e o alvo da narrativa: ele é o macho conquistador e o conquistado; o sedutor e o seduzido; o assediador e a vítima de assédio. A obra foi bem acolhida pelo público, mas o resultado ainda não parecia satisfatório à Conceição.

Inspirada na afirmação de Machado de Assis de que o escritor é acima de tudo uma "errata pensante", ela voltou ao texto.[11] Atentou-se para aquelas vozes-mulheres que guiavam a narrativa, o que diziam e o que guardavam para si. Reescreveu a história das muitas personagens, lhes deu maior vigor e profundidade.

---

11 Constância Lima Duarte, "Conceição Evaristo", 2022.

"Sempre estive inteira no momento da escuta. Contudo, a escrita me deixa em profundo estado de desesperação, pois a letra não agarra tudo o que o corpo diz", escreveu Conceição no prefácio da nova edição, lançada em 2022 pela Pallas. "Na escrita faltam os gestos, os olhares, a boca entreaberta de onde vazam ruídos, e não palavras."

O objetivo do romance era construir uma história onde os homens falassem, contudo, as vozes de Neide, Angelina, Dalva, Aurora, Antonieta, Dolores, Juventina e Pérola se sobrepuseram à de Fio. "E esse é o meu grande fracasso, né? O de não ter conseguido criar um personagem masculino que falasse por si. É um fracasso misturado com remorso", disse em 2023.[12] "Desde *Ponciá Vicêncio*, o marido de Ponciá não tem nome. No romance todo ele é conhecido como 'o marido de Ponciá Vicêncio'. Não consegui dar um nome pra ele, ele não conseguiu se autonomear."

Com *Canção*, a preocupação de Conceição estava em não apontar o homem negro como algoz – já havia material em excesso propagando essa ideia. Atentou-se às histórias amorosas que ouvia de suas amigas, de sua mãe, de suas tias, e buscou na memória os amores que

---

12 Gabriel Pinheiro, "'A ficção preenche um vazio'", 2023.

ela própria viveu. "Falo muito da solidão das mulheres negras, mas vejo que os homens negros também passam por um processo de solidão muito grande. A diferença é que nós gritamos as nossas dores umas com as outras. Não sei se os homens fazem isso entre eles", disse em 2023. "Escrevi preocupada em perceber em que momento a dor do homem é explicitada."[13]

Fio Jasmim eventualmente aprende a ficar, depois de sucessivos abandonos. "Ao vestir tantas armaduras ele acaba nu, um príncipe negro rejeitado na infância incapaz de lidar plenamente com as suas dores. Sou eu. Somos nós", escreveu o cineasta Gabriel Martins, diretor do longa *Marte Um*.[14] Ouvimos a voz de Jasmim apenas ao fim do livro. Distante da figura do herói, o personagem representa as contradições do universo masculino, socializado desde a infância a aceitar falas e ações sexistas. Aprende a ter orgulho de sua virilidade, vive preso ao estigma de ser macho, a não revelar fraquezas e a engolir o choro. Quando finalmente reflete sobre si, o pranto profundo do menino grande desagua nas páginas finais da obra. Esta é sua canção de ninar.

* * *

---

13 Iara Biderman, "Ninar para acordar gente grande", 2022.
14 Gabriel Martins, "Canção para ninar menino grande", 2024.

DO ÁRDUO REFAZER DE MIM

NA CASA ESCREVIVÊNCIA, a entrevista ao *Bom Dia Favela* se encerrou, e Conceição engatou em outra, para o RJTV, da TV Globo. Tirou da bolsa um espelho e um batom para retocar os lábios em meio às filmagens. A equipe testava novos ângulos na casa, arrastava a mesa, mudava as cadeiras de lugar, experimentava uma nova iluminação, na tentativa de não repetir o cenário da emissora anterior. A equipe de Conceição pediu que o horário fosse respeitado – no dia anterior, Conceição havia emendado tantos compromissos que só parou para almoçar às 18h. Além do mais, naquele dia 14 de novembro, a escritora ainda tomaria posse na Academia Brasileira de Cultura, ao lado de artistas como Alcione, Margareth Menezes, Liniker, Juma Xipaia e Luana Xavier.

Seu discurso de posse não dispensou provocações ao público. "No penúltimo conto do livro *Olhos d'água*, um personagem diz: 'A gente combinamos de não morrer.' Então estou aqui, porque a gente combinamos de não morrer. E combinamos não morrer contra toda gramática do poder mandatário", disse a escritora.[15] "Quando esse personagem fere a gramática

---

15 Giovanna Fraguito, "Conceição Evaristo erra o português para 'ferir o poder mandatário'", *Veja*, 9 maio 2024.

da língua portuguesa, ele fere todo o poder mandatário. E o poder que começa pela linguagem. Quando os povos dominados, como os africanos e indígenas, são obrigados a aprender a língua do colonizador."

O projeto estético de Conceição é ancorado na oralidade, sem nenhuma inocência ou idealismo de sua parte. Retoma a sonoridade das palavras de origem banto e quicongo incorporadas no português; recorre, à sua maneira, o pretuguês de Lélia Gonzalez,[16] a marca de africanização do português falado no Brasil. "Quando esse rapazinho diz 'a gente combinamos de não morrer', ele faz uma concordância semântica. Além de ser um projeto estético, trazer a oralidade pro meu texto é afirmar que a apreensão da língua portuguesa se dá de várias formas", disse em entrevista.[17] "Essa insistência em corrigir a língua é também uma insistência em corrigir o corpo de quem fala. Se o corpo de negros e indígenas é fora do padrão, a linguagem desse corpo também é fora do padrão."

Diante da gramática normativa, Conceição fia-se no não dito. "Por que todo mundo lê Clarice Lispector

---

16 Lélia González, *Por um feminismo afro-latino-americano*, 2020.
17 Conceição Evaristo, "Conceição Evaristo é a convidada do Trilha de Letras" [vídeo], 2023.

DO ÁRDUO REFAZER DE MIM

e entende que ela está falando das angústias, e não percebe isso de Carolina Maria de Jesus?", questionou durante a Flip de 2016.[18] "Essa percepção sobre a obra de Carolina é a mesma leitura que reduz muito a noção sobre o que as mulheres negras estão escrevendo, é como se a gente estivesse falando só da falta do pão ou da água que falta na bica. Uma negação da humanidade do sujeito negro. É como se nós, mulheres negras, não tivéssemos as nossas angústias, como todas as outras mulheres."[19]

CONCEIÇÃO AMANHECEU IMORTAL pela segunda vez em 15 de fevereiro de 2024. A escritora estava em Cuba para participar da Feira do Livro de Havana com a delegação brasileira convocada pelo Ministério da Cultura, composta por 65 artistas como Emicida, Elisa Lucinda, Eliana Alves Cruz, Ailton Krenak e Socorro Acioli. Por aqui, celebrávamos a eleição da escritora para a cadeira de número 40 da Academia Mineira de Letras. Foram 30 votos, entre 34 possíveis, em disputa que envolveu outros cinco candidatos. A

---

18 *Idem*, "Flip 2017 - 'Amadas', com Ana Maria Gonçalves e Conceição Evaristo" [vídeo], 2017.
19 Vagner Amaro e Henrique Marques Samyn, *op. cit.*, p. 44.

CONCEIÇÃO EVARISTO

cadeira da escritora tem como patrono Visconde de Caeté, político e proprietário rural do século XVIII.[20]

A nota de Jacyntho Lins Brandão, presidente da Academia, ressalta a trajetória de Conceição como professora, romancista e poeta, "com justiça celebrada no Brasil e no exterior", e afirma que sua chegada "tem também o sentido de impregnar esta casa com suas qualidades e história de vida".[21] Resultado muito diferente da eleição de 2018 para a cadeira de número 7 da Academia Brasileira de Letras, que teve a campanha com maior participação popular da história da instituição.

"Eu voto em Nei Lopes ou Martinho da Vila. Sem falar na Conceição Evaristo", disse Flávia Oliveira ao colega Ancelmo Gois, ao lembrar o espaço vago na Academia Brasileira de Letras. A nota foi publicada em 25 de abril de 2018 e rapidamente se alastrou pelas redes sociais. No dia 30, a escritora Juliana Borges publicou uma carta-manifesto pelo ingresso de Conceição Evaristo na ABL. "A ponta de sua caneta e o texto em dígito de Conceição Evaristo trazem

---

20 "Conceição Evaristo é eleita a nova imortal da Academia Mineira de Letras", *Academia Mineira de Letras*, 15 fev. 2024.
21 *Ibidem.*

um trajeto de ancestralidade e apontam vislumbres de horizonte. Ora, não é isso que faz um imortal?", escreveu. Do seu texto, surgiram dois abaixo-assinados, que reuniram 40 mil assinaturas até a data da eleição, em 30 de agosto.[22]

A possibilidade de concorrer a um dos 40 assentos da ABL já estava no horizonte de Conceição há mais tempo. De quando em quando, ouvia de colegas escritores e de professores universitários que o próximo passo natural da sua carreira seria esse. A escritora, no entanto, só se entusiasmou com a ideia quando soube, durante uma entrevista, da quantidade de assinaturas que as petições vinham acumulando. Até então, sequer estava sabendo da mobilização. "Eu quero entrar porque é um lugar nosso, porque temos direito", disse em uma palestra, em maio de 2018.

Mas o rebuliço trouxe desconforto aos salões da academia, desacostumada a ter suas escolhas escrutinadas. Alguns acadêmicos diziam-se pressionados e até "intimidados" com o vozerio que vinha das ruas. Após o abaixo-assinado, a ABL recebeu ligações em sua sede questionando o processo decisório, a pari-

---

22 Mateus Campos e Paula Bianchi, "Como Conceição Evaristo perdeu sua cadeira na ABL", *Intercept Brasil*, 30 ago. 2018.

dade entre homens e mulheres na casa e mesmo a identidade racial dos imortais. A uma dessas ligações, um funcionário teria respondido: "Aqui na casa não tem isso, somos todos da raça humana."[23]

"CONCEIÇÃO, SOBRE SEU processo criativo e seus livros de cabeceira", lia Fernanda Felisberto a pergunta da professora Denise Carrascosa, "como funciona o trabalho da intertextualidade com obras literárias?". Estamos de volta a 2018, naquele auditório do Museu de Arte do Rio onde se deu meu primeiro encontro com Conceição. "Ela precisava fazer pergunta difícil?", respondeu a autora levando a plateia a uma risada cúmplice. Em vez de ir direto ao ponto, Conceição cerca o público pelas beiradas. Começou sua fala agradecendo a presença de tantos amigos de caminhada – como a própria Fernanda, o casal de professores Eduardo de Assis Duarte e Constância Lima Duarte, as escritoras Sonia Rosa e Selma Maria da Silva –, pessoas que "atravessaram o seu caminho deixando um doce sabor de ternura", disse. Seguiu saudando suas referências de vida, quem a formou como escritora: "As minhas mulheres de Minas."

---

23 *Ibidem.*

DO ÁRDUO REFAZER DE MIM

Eu me lembro de pensar que Conceição estava se esquivando da pergunta, fazendo um longo preâmbulo até encontrar a melhor forma de respondê-la. Mas revejo agora a gravação e me surpreendo com o que ouço. À época, com os meus recém-completados 20 anos, não conseguia acompanhar o raciocínio denso travestido na fala meiga de Conceição. Todo conhecimento passado por um mais velho é cheio de emoções, sentimentos e, consequentemente, de axé, dizia Mãe Stella de Oxóssi.[24] Guardei aquela voz comigo, deixando-a guardada para quando o tempo me permitisse entender. Se hoje sei ainda muito pouco sobre a escritora, naquela época eu não tinha dimensão do que ela se tornaria para mim.

De forma indireta, Conceição dizia que a intertextualidade de seu texto não se restringe aos livros que leu ou aos diálogos que estabelece, propositadamente, com importantes obras brasileiras. As vozes-mulheres de Minas são mesmo a primeira intertextualidade de sua obra. Quanto à brancura da literatura brasileira, Conceição confronta a infância em uma casa "constantemente amanhecendo", da mineira Adélia Prado,[25] com um teto de "machucado zinco", cujas

---

24 Maria Stella de Azevedo Santos, *Meu tempo é agora*, 2010.
25 Adélia Prado, *Bagagem*, 1993, p. 36.

"folhas escaldantes" eram invadidas por raios de sol.[26] Em "No meio do caminho: deslizantes águas", Conceição ouve com ouvidos "moucos" os lamentos de Carlos Drummond de Andrade: "nas bordas da áspera rocha,/ encontro um escorregadio/ limo-caminho. Tenho passagem./ Sigo a Senhora das Águas Serenas,/ a Senhora dos Prantos Profundos."[27] Clarice Lispector é posta, por Conceição, no *Quarto de despejo*, e Carolina Maria de Jesus, n'*A hora da estrela*. Em outro poema, Macabéa, protagonista do romance de Clarice, junta-se a Pigmeia, "encravada no fundo de uma África", e Edmea, mulher assassinada em 1993 ao tentar investigar a morte do próprio filho, dizimado na Chacina de Acari. "pigmeias áfricas,/ negras edmeas,/ nordestinas macabeas. / Rimas mulheres / desafiando o macho cancioneiro / organizador dos sons disrítmicos/ do mundo."[28] Macabéa, na prosa, é ainda a flor de mulungu. O conto publicado em 2023 começa pelo fim de *A hora da estrela*: a imagem agonizante de uma nordestina acidentada. Conceição segue a narrativa construindo uma personagem "em estado de floração", recém-nascida agora

26 Conceição Evaristo, *Poemas da recordação e outros movimentos*, 2017b, pp. 99-100.

27 *Ibidem*, pp. 101-102.

28 *Ibidem*, pp. 96-97.

DO ÁRDUO REFAZER DE MIM

num caminho com direito a memória e futuro. Afinal, "mulheres como Macabéa não morrem. Costumam ser porta-vozes de outras mulheres, iguais a elas".

"Quando se trata de determinados escritores, eu quero fazer essa, essa...", disse Conceição enquanto apontava o dedo para Fernanda para que a amiga dissesse "intertextualidade" no seu lugar. "Tá vendo como ela é parceira?", riu a anciã. "Quando eu aproveito de determinados escritores, é mesmo para criar uma ironia. É sempre uma provocação mesmo, pra marcar um outro lugar de escrita, pensar um outro texto." Conceição apontou "Menina de vermelho a caminho da lua", de Marina Colasanti, como um conto primoroso, mas que mereceria a sua reescrita. Marina inicia o texto dizendo que tentou, em vão, se livrar da história e do fastio que ela lhe causa. O cenário é um pequeno parque de diversões, e sua principal atração: uma bolha com os dizeres "Pise na Lua por R$ 3,00". Uma mãe leva as duas filhas para o brinquedo, e ao seu lado se põe uma menina. "Tem 10 anos. Cuidado com essa idade, porque o olhar dela tem mais. Pequenos seios. Ela quer entrar na bolha. Quer muito. E não tem dinheiro. Mas quer, e vai ter que pagar de outro jeito."[29] De certa forma, o

---

29 Marina Colasanti, *Um espinho de marfim*, 1999.

conto de Marina "permite a penalização dessa menina, é possível vê-la como uma pequena prostituta, e aí eu fico com vontade de escrever um texto sobre uma menina que só quer brincar na bolha. Só isso", disse Conceição. "Então, [a intertextualidade] não é inocente, é de caso pensado, é porque eu sou ruim mesmo", respondeu, devolvendo o olhar ao público.

AS CANDIDATURAS DE SUCESSO na ABL costumam se desenhar antes mesmo da morte de algum dos 40 acadêmicos. É visto com bons olhos que o aspirante participe dos eventos da instituição ao longo dos anos e que, antes mesmo de entregar a carta de inscrição, tenha aliados e "padrinhos" entre os votantes. O clube do bolinha também aprecia convescotes organizados por aqueles que desejam vestir o fardão – que tem ramos bordados com fios de ouro e custa em média 40 mil reais, normalmente custeados pelo estado natal do eleitor.[30]

A depender do candidato, contudo, nem o cumprimento desses requisitos informais garante a eleição. Martinho da Vila concorreu a uma vaga em 2010, com "padrinho", com shows na ABL, com convescotes, com tudo. Mas não recebeu um único voto. "É

---

30 Mateus Campos e Paula Bianchi, *op. cit.*, 2018.

DO ÁRDUO REFAZER DE MIM

um trabalho de política. Eu não gostei. Achei chato à beça", disse ao *Intercept Brasil*. Em 2018, cogitou uma nova tentativa, mas desistiu em apoio a Conceição.

Conceição não ofereceu jantares. No dia 18 de junho, quando a petição on-line já tinha 20 mil assinaturas, subiu os degraus do Petit Trianon, prédio de estilo eclético em que está localizada a academia, no Centro do Rio, e entregou, sem claque, a carta na qual formalizou sua candidatura. "Assinalo o meu desejo e minha disposição de diálogo e espero por essa oportunidade", diz um trecho do texto, que ela preferiu não divulgar na íntegra. "Cumpri o ritual quando entreguei a carta de inscrição. Deixei a minha obra lá e ofereci meus livros para poucos acadêmicos. Me apresento de forma diferenciada."

Oficialmente, a disputa teve onze candidatos, mas dois favoritos: o cineasta Cacá Diegues e o colecionador Corrêa do Lago. Caso derrotasse os concorrentes, a eleição de Conceição Evaristo teria um significado histórico só comparável à eleição de Rachel de Queiroz, primeira mulher a integrar a lista de imortais, em 1977 (a ABL foi criada em 1896). Conceição seria a primeira escritora negra na casa – à época havia cinco mulheres brancas e somente um homem negro entre os 39 acadêmicos. Ocuparia ainda a cadeira 7, cujo patrono é o poeta e abolicionista baiano Castro Alves. O eleito, no entanto, foi Cacá Diegues.

Conceição recebeu apenas um voto, mas não se viu como derrotada. Após o resultado, disse que essa mudança de paradigma, mais cedo ou mais tarde, levaria outras vozes à ABL. "Não foi um trabalho perdido. O importante não é ser a primeira, é abrir perspectiva", disse.[31]

A Academia resistiu, mas acabou se rendendo. Em 2021, o escritor indígena Daniel Munduruku candidatou-se à cadeira 12 com uma carta de apoio de uma centena de intelectuais; perdeu o pleito, mas angariou nove votos.[32] O ano também sagrou a vitória de Gilberto Gil para a cadeira 20. Em outubro de 2023, Ailton Krenak tornou-se o primeiro indígena eleito para a Academia – mas sua candidatura, tal como a de Conceição, não se preocupou com convescotes ou cortejos; "nós queremos, no ato de trazer um indígena para a Academia, avançar na reparação histórica que essa instituição *deve* àqueles que ficaram fora".[33]

---

31 Conceição Evaristo, *op. cit.*, 2023.
32 Lucas Lanna Resende, "Eleição na ABL, nesta quinta, é marcada por disputa entre indígenas", *Estado de Minas*, 5 out. 2023.
33 Mariana Lima, "Aílton Krenak quer abrir caminho para outras formas de ver o mundo", *Bienal do Livro de Alagoas*, 31 ago. 2023.

DO ÁRDUO REFAZER DE MIM

Conceição compareceu à posse de Ailton Krenak na ABL em abril de 2024. Quando entrou na cerimônia, Merval Pereira, presidente da instituição, foi ao seu encontro e beijou sua mão. A escritora retornou à sede em junho de 2024. Lilia Schwarcz se tornava a décima primeira mulher a ingressar na Academia e, ao reconhecer a disparidade de gênero na história da instituição em seu discurso de posse, saudou Conceição Evaristo. Após a eleição, a própria Lilia declarou que candidatou-se sob uma condicionante: caso a escritora mineira decidisse concorrer, a historiadora desistiria do pleito.[34] Muitos avaliam ambos os gestos como sinais de um cenário favorável à sua candidatura. Conceição, no entanto, diz ainda não ter opinião formada se voltará a se candidatar ou não.

Entre os povos originários e comunidades tradicionais africanas, os mais velhos são *griots*, guardiões da história, dos ritos.[35] São riqueza e memória. Os gestos de Ailton Krenak e Conceição Evaristo que, para uns, demonstram pedantice, para outros demonstram galhardia: não são os escritores negros e indígenas que devem se dobrar à Academia Brasileira

---

34 Natacha Côrtez, "Lilia Schwarcz", *Marie Claire*, 27 ago. 2024.
35 Monica do Nascimento Pessoa, "Percepções culturais sobre os 'griots' na contemporaneidade", 2016.

de Letras, mas é ela, demasiadamente branca, masculina e antiquada, que deve se agachar para ouvir.

CONCEIÇÃO ESTAVA ÀS vésperas de completar 77 anos. Em uma das entrevistas que acompanhei, a repórter perguntou, a título de curiosidade, o que gostaria de ganhar de aniversário. Conceição respondeu, sem floreios: "Uma luneta, pra ver as estrelas à noite." Seus olhos voltam-se para a memória, buscam a mãe, os tios, os irmãos, a favela.

"Cresci sem luz durante muito tempo, e minha mãe brincava com a gente de olhar o céu", lembrava ela. "Quero contemplar o infinito que a gente perde na cidade grande."

AGRADECIMENTOS

A vó Alayde, memória tão doce de minha infância, por mostrar que o futuro é ancestral.

A Maria Eugênia, minha mãe Neném, por me ensinar a sonhar.

A Adilson, meu pai, pelo cultivo da alegria.

A Marilza e César, dindinha e dindinho, pelo alicerce.

A Laurinha, sobrinha querida, pelo colo.

A família Santos e Pinto, Juninho, meu irmão, minhas tias e tios, primas e primos, pelo suporte após a passagem de meu pai.

A Bia e Larissa, irmãs que a vida me deu, por serem meu lar.

A Douglas, meu companheiro, meu amigo, por me fazer sorrir.

A Conceição, insidiosa como as águas, pela generosidade com o nosso povo.

A Ludmilla, Margot e Andreia, assessoras de Conceição em diferentes tempos, pela ponte.

A Joselia, pelo convite para participar desta coleção e pela troca sincera.

A toda equipe Record, na figura de Beatriz, Livia e Féres, pelo olhar cuidadoso.

A Fernando, pelas constantes provocações.

Aos vários pesquisadores, escritores e ativistas que ajudam a construir uma robusta bibliografia sobre estudos afro-diaspóricos.

A Exu, por abrir os caminhos.

A Oxum, por fazer de mim corpo encantado.

A Ogum, São Jorge de meu pai, pela lança.

A egbé do Ilê Omolu Oxum, na figura de Mãe Meninazinha de Oxum, pela acolhida.

A Iansã e Xangô, pela audácia e sabedoria.

Aos orixás e encantados que me guardam, aos meus mais velhos e aos meus mais novos, Olorum Modupé!

Axé!

BIBLIOGRAFIA

LIVROS

AMARO, Vagner; SAMYN, Henrique Marques. *Quando eu morder a palavra: entrevistas com Conceição Evaristo e guia de leitura*. 2. ed. Rio de Janeiro: Malê, 2024.

BARRETO, Lima. *Diário do hospício & O cemitério dos vivos*. Rio de Janeiro: Secretaria Municipal de Cultura, Departamento Geral de Documentação e Informação Cultural, Divisão de editoração, 1993. Biblioteca Carioca. Disponível em <www.rio.rj.gov.br/dlstatic/10112/4204210/4101373/diario_hospicio_cemiterio_vivos.pdf>. Acesso em: 25 fev. 2024.

CARNEIRO, Sueli. *Dispositivo de racialidade: a construção do outro como não ser como fundamento do ser*. Rio de Janeiro: Zahar, 2023.

CRUZ, Eliana Alves. *Água de barrela*. 4. ed. Rio de Janeiro: Malê, 2018.

CULTURAL, Itaú (comp.). *Caderno de dona Joana*. São Paulo, 2017. Ocupação Conceição Evaristo. Disponível em <www.issuu.com/itaucultural/docs/dona_joana_issuu>. Acesso em: 3 fev. 2024.

DAVIS, Angela. *Mulheres, raça e classe*. Tradução de Heci Regina Candiani. São Paulo: Boitempo, 2016.

DOUGLASS, Frederick. *Narrativa da vida de Frederick Douglass e outros textos*. Tradução de Odorico Leal. São Paulo: Penguin-Companhia, 2021.

DUARTE, Constância Lima. "Conceição Evaristo: vozes mulheres voltadas ao homem", *Literafro*, Belo Horizonte, dez. 2022. Disponível em <www.letras.ufmg.br/literafro/resenhas/ficcao/1748-conceicao-evaristo-cancao-para-ninar--menino-grande-2-ed>. Acesso em: 09 set. 2024.

DUARTE, Constância Lima; CÔRTES, Cristiane; PEREIRA, Maria do Rosário Alves (orgs.). *Escrevivências: identidade, gênero e violência na obra de Conceição Evaristo*. 2. ed. Rio de Janeiro: Malê, 2023.

DUARTE, Constância Lima; NUNES, Isabella (orgs.). *Escrevivência: a escrita de nós. Reflexões sobre a obra de Conceição Evaristo*. Ilustrações de Goya Lopes. Rio de Janeiro: Mina Comunicação e Arte, 2020. Disponível em <www.itausocial.org.br/wp-content/uploads/2021/04/Escrevivencia--A-Escrita-de-Nos-Conceicao-Evaristo.pdf>. Acesso em: 14 jan. 2024.

EVARISTO, Conceição. *Olhos d'água*. Rio de Janeiro: Pallas; Fundação Biblioteca Nacional, 2014.

_____. *Histórias de leves enganos e parecenças*. Rio de Janeiro: Malê, 2016a.

_____. *Insubmissas lágrimas de mulheres*. Rio de Janeiro: Malê, 2016b.

_____. *Becos da memória*. Rio de Janeiro: Pallas, 2017a.

_____. *Poemas da recordação e outros movimentos*. Rio de Janeiro: Malê, 2017b.

_____. *Ocupação Conceição Evaristo* [exposição]. São Paulo: Itaú Cultural, maio-jun. 2017c.

_____. *Ponciá Vicêncio*. Rio de Janeiro: Pallas, 2017d.

BIBLIOGRAFIA

_____. *Canção para ninar menino grande*. Rio de Janeiro: Pallas, 2022a.

_____. "Independência do Brasil: uma pátria de muitos gritos". In: SANTOS, Helio (org.). *A resistência negra ao projeto de exclusão racial: Brasil 200 anos (1822-2022)*. São Paulo: Jandaíra, 2022b.

_____. *Macabéa: flor de mulungu*. Rio de Janeiro: Oficina Raquel, 2023.

_____. Literatura negra: uma poética de nossa afro-brasilidade. *SCRIPTA*, Belo Horizonte, v. 13, n. 25, pp. 17-31, jul./dez. 2009. Disponível em <https://periodicos.pucminas.br/index.php/scripta/article/view/4365/4510>. Acesso em: 14 jan. 2024.

FARIAS, Tom. *Carolina: uma biografia*. Rio de Janeiro: Malê, 2019.

FREIRE, Paulo. *Pedagogia do oprimido*. 84. ed. São Paulo: Paz e Terra, 2019.

GATES JR., Henry Louis. *The Signifying Monkey: A Theory of African American Literary Criticism*. 25th Anniversary ed. Oxford: Oxford University Press, 2014.

_____. *Caixa-preta: escrevendo a raça*. Tradução de floresta. São Paulo: Companhia das Letras, 2024.

GLISSANT, Édouard. *Poética da relação*. Rio de Janeiro: Bazar do Tempo, 2021.

GONÇALVES, Ana Maria. *Um defeito de cor*. 13. ed. Rio de Janeiro: Record, 2018.

GONZALEZ, Lélia. *Por um feminismo afro-latino-americano: ensaios, intervenções e diálogos*. Organização de Flavia Rios e Márcia Lima. Rio de Janeiro: Zahar, 2020.

HAN, Byung-Chul. *Sociedade do cansaço*. Tradução de Enio Paulo Giachini. 2. ed. amp. Petrópolis: Vozes, 2017.

HOOKS, bell. *Ensinando a transgredir: a educação como prática de liberdade*. São Paulo: Martins Fontes, 2013.

_____. *Tudo sobre o amor: novas perspectivas*. São Paulo: Elefante, 2020.

ILÊ OMOLU OXUM. *Museu Memorial Iyá Davina*. São João de Meriti: Ilê Omolu Oxum, 2021. Catálogo de exposição. Disponível em <www.ileomolueoxum.org/museu-memorial-iya-davina/#dearflip-df_89/5/>. Acesso em: 12 fev. 2024.

JESUS, Carolina Maria de. *Casa de Alvenaria – Volume 1: Osasco*. São Paulo: Companhia das Letras, 2021a.

_____. *Casa de Alvenaria – Volume 2: Santana*. São Paulo, Companhia das Letras, 2021b.

_____. *Quarto de despejo: diário de uma favelada*. 10. ed. São Paulo: Ática, 2015.

_____. *O escravo*. São Paulo: Companhia das Letras, 2023.

KRENAK, Ailton. *Futuro ancestral*. São Paulo: Companhia das Letras, 2022.

LOPES, Nei. "Conceição Evaristo – Becos de muitas memórias". In: AFRO-BRASIL reluzente: 100 personalidades notáveis do século XX. Rio de Janeiro: Nova Fronteira, 2019.

_____. *Novo Dicionário Banto do Brasil*. 2. ed. Rio de Janeiro: Pallas, 2006.

LORDE, Audre. *Irmã outsider: ensaios e conferências*. Tradução de Stephanie Borges. Belo Horizonte: Autêntica, 2019.

MARTINS, Leda Maria. *A cena em sombras*. 2. ed. São Paulo: Perspectiva, 2023.

_____. *Afrografias da memória: o reinado do Rosário no Jatobá*. 2. ed. São Paulo: Perspectiva, 2021a.

_____. *Performances do tempo espiralar: poéticas do corpo-tela*. Rio de Janeiro: Cobogó, 2021b.

MBITI, John S. *African Religions and Philosophy*. 2. ed. Ibadan: Heinemann Educational Books, 1990.

NASCIMENTO, Abdias. *O genocídio do negro brasileiro: processo de um racismo mascarado*. São Paulo: Perspectiva, 2016.

NASCIMENTO, Beatriz. *Uma história feita por mãos negras: relações raciais, quilombos e movimentos*. Organização de Alex Ratts. Rio de Janeiro: Zahar, 2011.

BIBLIOGRAFIA

PEREIRA, Edimilson de Almeida. *Entre Orfe(x)u e Exunou-veau: análise de uma estética de base afrodiaspórica na literatura brasileira*. São Paulo: Fósforo, 2022.

PRANDI, Reginaldo. *Mitologia dos orixás*. São Paulo: Companhia das Letras, 2000.

SANTOS, Maria Stella de Azevedo. *Meu tempo é agora*. 2. ed. Salvador: Assembleia Legislativa do Estado da Bahia, 2010.

SODRÉ, Muniz. *Claros e escuros: identidade, povo, mídia e cotas no Brasil*. 3. ed. Petrópolis: Vozes, 2015.

_____. *Pensar nagô*. Petrópolis: Vozes, 2017.

_____. *O terreiro e a cidade: a forma social negro-brasileira*. 3. ed. Rio de Janeiro: Mauad X, 2019.

SOYINKA, Wole. *Myth, Literature and the African World*. Ife/Nova York: University of Ife; Cornell University, 1990.

VERGER, Pierre Fatumbi. *Orixás*. 10. ed. São Paulo: Corrupio/Círculo do Livro, 1990.

_____. *Notas sobre o culto aos orixás e voduns: na Bahia de Todos os Santos, no Brasil, e na Antiga Costa dos Escravos, na África*. São Paulo: Edusp, 1999.

WOOLF, Virginia. *Um teto todo seu*. Tradução de Bia Nunes de Sousa e Glauco Mattoso. São Paulo: Tordesilhas, 2014.

ARTIGOS E MATÉRIAS

"'A Bonequinha Preta' é um marco da literatura infantil brasileira". *Grupo Lê*, Belo Horizonte, 16 mar. 2021. Disponível em <www.lc.com.br/blog/a-bonequinha-preta/>. Acesso em: 11 fev. 2024.

ÀINÁ. *Yorùbáname*. Disponível em <www.yorubaname.com/entries/A%CC%80i%CC%80na%CD%81>. Acesso em: 23 jun. 2024.

AJIBADE, George Olusola. "Water Symbolism in Yorùbá Folklore and Culture". *Yoruba Studies Review*, v. 4, n. 1,

2019. Disponível em <https://journals.flvc.org/ysr/article/view/130029>. Acesso em: 14 jul. 2024.

AKINRULI, Samuel Ayobami; AKINRULI, Luana Carla Martins Campos. "Ìkómo e o processo de nomeação dos indivíduos da etnia Yorùbá". *AbeÁfrica: Revista da Associação Brasileira de Estudos Africanos*, v. 4, n. 4, abr. 2020, pp. 277-289. Disponível em <www.periodicos.ufsc.br/index.php/literatura/article/download/75639/46715>. Acesso em: 22 jun. 2024.

ALÁDÉSANMÍ, Omọbọlá Agnes; ÒGÚNJÌNMÍ, Ìbùkún Bọláńlé. "Yorùbá Thoughts and Beliefs in Child Birth and Child Moral Upbringing: A Cultural Perspective". *Advances in Applied Sociology*, v. 9, 2019. Disponível em <www.scirp.org/journal/paperinformation?paperid=97538>. Acesso em: 23 jun. 2024.

ALMEIDA, Emily. "Os que ficaram". *Revista Piauí*, ed. 192, set. 2022. Disponível em <https://piaui.folha.uol.com.br/materia/os-que-ficaram/>. Acesso em: 11 fev. 2024.

ALVES, Miriam. "Na companhia de Maréia". *Revista Piauí*, ed. 164, maio 2020. Disponível em <https://piaui.folha.uol.com.br/materia/na-companhia-de-mareia/>. Acesso em 16 set. 2024.

AMARO, Vagner. "Conceição Evaristo: uma escritora popular brasileira". *Biblioo*, Rio de Janeiro, 27 ago. 2018. Disponível em <www.biblioo.info/entrevista-conceicao-evaristo/>. Acesso em: 17 fev. 2024.

AMORIM, Géssica. "No sertão, enterrar umbigos dos recém--nascidos é plantar esperança". *Marco Zero Conteúdo*, Pernambuco, 23 jan. 2024. Disponível em <www.marcozero.org/no-sertao-enterrar-umbigo-dos-recem-nascidos-e--plantar-esperanca/>. Acesso em: 10 fev. 2024.

ANICETO, Patrícia de Paula. "O corpo erótico nas poesias de Conceição Evaristo". *IPOTESI*, Juiz de Fora, v. 24, n. 2, pp. 231-242, jul./dez. 2020. Disponível em <www.periodicos.ufjf.br/index.php/ipotesi/article/view/33092>. Acesso em: 17 fev. 2024.

BIBLIOGRAFIA

ARRUDA, Aline Alves. "Ponciá Vicêncio, de Conceição Evaristo: um *bildungsroman* feminino e negro". *Literafro*, 23 ago. 2021. Disponível em <www.letras.ufmg.br/literafro/autoras/29-critica-de-autores-feminios/195-poncia-vicencio-de-conceicao-evaristo-um-bildungsroman-feminino--e-negro-critica#>. Acesso em: 23 jun. 2024.

BIDERMAN, Iara. "Ninar para acordar gente grande". *Quatro Cinco Um*, São Paulo, n. 65, 15 dez. 2022. Disponível em <www.quatrocincoum.com.br/entrevistas/literatura/literatura-brasileira/ninar-para-acordar-gente-grande/>. Acesso em: 30 jun. 2024.

CAMPOS, Mateus; BIANCHI, Paula. "Conceção Evaristo: ela seria a primeira escritora negra da Academia Brasileira de Letras. Mesmo com a maior campanha popular da história, perdeu". *The Intercept Brasil*, São Paulo, 30 ago. 2018. Disponível em <www.intercept.com.br/2018/08/30/conceicao-evaristo-escritora-negra-eleicao-abl/>. Acesso em: 14 jan. 2024.

CLARK, Taís Freire de Andrade. "Memórias de despejos: testemunhos e recordações em cenários de remoção forçada". *ABRALIC*, 2017. Disponível em <www.abralic.org.br/anais/arquivos/2017_1522243464.pdf>. Acesso em: 10 fev. 2024.

CARVALHO, Pedro. "'Estou tanto na universidade como em Parelheiros', diz Djamila Ribeiro". *Veja São Paulo*, 14 abr. 2022 (atualizado em 27 maio 2024). Disponível em <www.vejasp.abril.com.br/cultura-lazer/papo-vejinha-djamila-ribeiro>. Acesso em 17 set. 2024.

"CONCEIÇÃO Evaristo é eleita a nova imortal da Academia Mineira de Letras". *Academia Mineira de Letras*, Belo Horizonte, 15 fev. 2024. Disponível em <www.academiamineiradeletras.org.br/sem-categoria/conceicao-evaristo--e-eleita-a-nova-imortal-da-academia-mineira-de-letras/>. Acesso em: 27 fev. 2024.

CRUZ, Eliana Alves. "Não há quem fique indiferente a Ponciá". *Pernambuco*, n. 209. jul. 2023, pp. 12-15.

CÔRTEZ, Natacha. "Lilia Schwarcz: 'Foi preciso ler, sobretudo, autoras negras para que eu avaliasse meu privilégio'". *Marie Claire*, 27 ago. 2024. Disponível em <www.revistamarieclaire.globo.com/entrevista-do-mes/noticia/2024/08/lilia-schwarcz-foi-preciso-ler-sobretudo-autoras-negras--para-que-eu-avaliasse-meu-privilegio.ghtml>. 17 set. 2024.

DEODORO, Paola. "Conceição Evaristo: 'O importante não é ser a primeira mulher negra na ABL. Mas abrir perspectiva'". *Marie Claire*, 8 mar. 2024. Disponível em <www.revistamarieclaire.globo.com/cultura/noticia/2024/03/conceicao-evaristo-o-importante-nao-e-ser-a-primeira-mulher-negra-na-abl-mas-abrir-perspectiva.ghtml>. Acesso em: 22 jun. 2024.

DIAS, Luciana de Oliveira. "Reflexos no Abebé de Oxum: por uma narrativa mítica insubmissa e uma pedagogia transgressora". *Articulando e Construindo Saberes*, Goiânia, v. 5, 20 out. 2020. Disponível em <www.revistas.ufg.br/racs/article/view/63860>. Acesso em: 14 jan. 2024.

DORALI, Ivana. "Conceição Evaristo: imortalidade além de um título". *Revista Periferias*, Rio de Janeiro, 2. ed., dez. 2018. Disponível em <www.revistaperiferias.org/materia/conceicao-evaristo-imortalidade-alem-de-um-titulo/>. Acesso em: 3 fev. 2024.

REIS, Nathália Dothling. "'É lá que o pai enterrou nossos umbigos': ontologia de território para a população da Comunidade Quilombola Aldeia (SC)". *Aceno – Revista de Antropologia do Centro-Oeste*, v. 8, n. 17, pp. 315-330, maio/ago. 2021. Disponível em <www.periodicoscientificos.ufmt.br/ojs/index.php/aceno/article/view/12135>. Acesso em: 25 fev. 2024.

DUARTE, Eduardo de Assis. "#NegríciaPresente!". *Literafro*, Belo Horizonte, 4 out. 2019. Disponível em <www.letras.

ufmg.br/literafro/resenhas/poesia/1212-grupo-negricia-ne-gricia-presente>. Acesso em: 18 fev. 2024.

_____. "O *Bildungsroman* afro-brasileiro de Conceição Evaristo". *Estudos Feministas*, v. 14, n. 1, abr. 2006. Disponível em <www.scielo.br/j/ref/a/g7gPJT4f9yzqMyFyLxR6HBb/?lang=pt>. Acesso em: 13 fev. 2024.

EHINENI, Taiwo. "The Ethnopragmatics of Yoruba Personal Names: Language in the Context of Culture". *Studies in African: Languages and Cultures*, n. 53, 2019, pp. 69-90. Disponível em <www.salc.uw.edu.pl/index.php/SALC/article/download/257/166/711>. Acesso em: 22 jun. 2024.

EVARISTO, Conceição. "As histórias de amor não têm fim". [Entrevista concedida a] Paula Passos. *Revista Continente*, 1º mar. 2023. Disponível em <www.revistacontinente.com.br/edicoes/267/ras-historias-de-amor-nao-tem-fimr>. Acesso em: 9 set. 2024.

_____. Conceição Evaristo por Conceição Evaristo: Depoimento no I Colóquio de Escritoras Mineiras. *Literafro*, Belo Horizonte, maio 2009. Disponível em <www.letras.ufmg.br/literafro/autoras/188-conceicao-evaristo>. Acesso em: 3 fev. 2024.

_____. "Gente boa: o mal das mães é que elas são teimosas, desobedientes e partem sem o nosso consentimento". *Quatro Cinco Um*, São Paulo, 11 nov. 2021. Disponível em <www.quatrocincoum.com.br/br/artigos/memoria/gente-boa>. Acesso em: 30 jan. 2024.

_____. "Negra em Salão do Livro causa furor, diz autora brasileira". [Entrevista concedida a] Lucas Neves. *Folha de S.Paulo*, São Paulo, 23 mar. 2015. Disponível em <www.folha.uol.com.br/ilustrada/2015/03/1606652-negra-em-salao-do-livro-causa-furor-diz-autora-brasileira.shtml>. Acesso em: 22 jul. 2024.

FARIA, Lia. "A utopia possível: revisitando os CIEPs do Rio de Janeiro". *Revista Interinstitucional Artes de Educar*, Rio de Janeiro, v. 3, n. 2, pp. 98-112, jul./out. 2017. Disponível em <www.e-publicacoes.uerj.br/riae/article/download/31713/22443/104855>. Acesso em: 29 jun. 2024.

FATOYE-MATORY, Bunmi. "Family Oriki: Intangible Cultural Heritage and Disappearing Art Form". *Premium Times Nigeria*, Abuja, 26 fev. 2022. Disponível em <www.premiumtimesng.com/opinion/514038-family-oriki-intangible-cultural-heritage-and-disappearing-art-form-by-bunmi-fatoye-matory.html?tztc=1>. Acesso em: 23 jun. 2024.

FRAGUITO, Giovanna. "Conceição Evaristo erra o português para 'ferir o poder mandatário'". *Veja*, São Paulo, 19 nov. 2023. Disponível em <www.veja.abril.com.br/coluna/veja-gente/conceicao-evaristo-erra-o-portugues-para-ferir-o-poder-mandatario>. Acesso em: 27 fev. 2024.

GOIS, Ancelmo. "Rua Morais e Vale, na Lapa, endereço do Beco do Rato, vai virar um calçadão após revitalização da Prefeitura do Rio". *O Globo*, Rio de Janeiro, 05 nov. 2022. Disponível em <www.oglobo.globo.com/blogs/ancelmo-gois/post/2022/11/rua-morais-e-vale-na-lapa-endereco-do-beco-do-rato-vai-virar-um-calcadao-apos-revitalizacao-da-prefeitura-do-rio.ghtml>. Acesso em: 11 fev. 2024.

_____. "Só dá Itamar Vieira Junior, autor de 'Torto arado', que está próximo dos 900 mil livros vendidos". *O Globo*, Rio de Janeiro, 13 abr. 2024. Disponível em <https://oglobo.globo.com/blogs/ancelmo-gois/post/2024/04/so-da-itamar-vieira-junior-autor-de-torto-arado-que-esta-proximo-dos-900-mil-livros-vendidos.ghtml>. Acesso em 17 set. 2024.

GRAMADO, Paulo. "Professora pode ter sido morta por racismo". *Folha de S.Paulo*, São Paulo, 31 jan. 1995. Disponível em <www1.folha.uol.com.br/fsp/1995/1/31/cotidiano/37.html>. Acesso em: 20 fev. 2024.

BIBLIOGRAFIA

GUIMARÃES, Juca. "Conceição Evaristo: 'Não leiam só minha biografia. Leiam meus textos'". *Brasil de Fato*, São Paulo, 20 nov. 2018. Disponível em <www.brasildefato.com.br/2018/11/20/conceicao-evaristo-nao-leiam-so-minha--biografia-leiam-meus-textos/>. Acesso em: 24 fev. 2024.

JACOMINO, Sérgio. "Penhor de escravos e queima de livros de registro". *Observatório do Registro*, 25 jan. 2010. Disponível em <www.cartorios.org/2010/01/25/penhor-de-escravos-e--queima-de-livros-de-registro/>. Acesso em: 18 fev. 2024.

JARDIM, Suzane. Golliwog, Pickaninny e Golly Doll. *Medium*, [s.l.], 15 jul. 2016. Disponível em <www.medium.com/@suzanejardim/alguns-estere%C3%B3tipos-racistas-internacionais-c7c7bfe3dbf6#.t5intpfxa>. Acesso em: 6 fev. 2024.

JORNAL Nacional do Movimento Negro Unificado, n. 19, maio/jun./jul. 1991. Disponível em <www.blogueirasnegras.org/wp-content/uploads/2013/07/entrevista-lelia-mnu.pdf>. Acesso em: 16 jun. 2024.

KACOWICZ, Davi Aroeira. "Marcha contra a farsa da abolição". *Rio Memórias*, Rio de Janeiro, [s.d.]. Disponível em <www.riomemorias.com.br/memoria/marcha-contra-a--farsa-da-abolicao/>. Acesso em: 16 jun. 2024.

KUAIVA, Victor *et al*. "Constrição de cordão umbilical como causa de morte fetal intrauterina". *Jornal Brasileiro de Patologia e Medicina Laboratorial*, Rio de Janeiro, v. 57, 2021. Disponível em <www.scielo.br/j/jbpml/a/ZvmRVgdTnC6ctPmqkwfYT4Q/?lang=pt#>. Acesso em: 23 jun. 2024.

LANGA, Angela de Fátima; SILVA, Denise Almeida. "A ressignificação de favela em Becos da memória: da favelofobia ao beco-lar". *Revista Literatura em Debate*, v. 9, n. 17, pp. 80-95, dez. 2015. Disponível em <www.revistas.fw.uri.br/index.php/literaturaemdebate/article/view/2055>. Acesso em: 7 fev. 2024.

LIMA, Alyne Barbosa; VIANNA, Cintia Camargo. "Espelho de Oxum: localização e centralidade ancestral em

Olhos d'água, de Conceição Evaristo". *XI COPENE – Congresso Brasileiro de Pesquisadores Negros*, Curitiba, 2020. Disponível em <www.copene2020.abpn.org.br/arquivo/downloadpublic?q=YToyOntzOjY6InBhcmFtcyI7czozNToiYToxOntzOjEwOiJJRF9BUlFVSVZPIjtzOjQ6IjYzNDUiO30iO3M6MToiaCI7czozMjoiMjJjJcyZjc2MTQ4MDc5OTU1YmVhODM1YWUwZTZlNGEiO30%3D>. Acesso em: 30 jun. 2024.

LIMA, Mariana. "Aílton Krenak quer abrir caminho para outras formas de ver o mundo". *10ª Bienal Internacional do Livro de Alagoas*, Maceió, 31 ago. 2023. Disponível em <https://bienal.ufal.br/2023/candidato-a-imortal-krenak--quer-abrir-caminho-para-outras-formas-de-ver-o-mundo/>. Acesso em: 27 fev. 2024.

LIMA, Omar da Silva. "Conceição Evaristo: escritora negra comprometida etnograficamente". *Literafro*, Belo Horizonte, [s.d.]. Disponível em <www.letras.ufmg.br/literafro/29-critica-de-autores-feminios/194-conceicao-evaristo-escritora-negra-comprometida-etnograficamente-critica>. Acesso em: 12 fev. 2024.

LIMA-SANTOS, André Villela de Souza; SANTOS, Manoel Antônio dos. "Tédio e Procrastinação como Modos de Res(ex)istência no Contemporâneo". *Revista Psicologia e Saúde*, v. 15, jan./dez. 2023. Disponível em <www.doi.org/10.20435/pssa.v15i1.2428>. Acesso em: 9 set. 2024.

LISBOA, Vinícius. "Conceição Evaristo abre Casa Escrevência, espaço cultural no Rio". *Agência Brasil*, Rio de Janeiro, 20 jul. 2023. Disponível em <https://agenciabrasil.ebc.com.br/geral/noticia/2023-07/conceicao-evaristo-abre-casa-escrevivencia-espaco-cultural-no-rio>. Acesso em: 27 fev. 2024.

_____. "Estamos lendo uma nação incompleta", diz autora sobre falta de negros na Flip. *Agência Brasil*, Rio de Janeiro, 4 jul. 2016. Disponível em <https://agenciabrasil.ebc.com.

BIBLIOGRAFIA

br/cultura/noticia/2016-07/estamos-lendo-uma-nacao-incompleta-diz-autora-sobre-falta-de-negras-na-flip>. Acesso em: 27 fev. 2024.

MACHADO, Bárbara Araújo. "'Escre(vivência)': a trajetória de Conceição Evaristo". *Revista História Oral*, Aracaju, v. 17, n. 1, pp. 243-265, jan./jun. 2014. Disponível em <www.revista.historiaoral.org.br/index.php/rho/article/view/343>. Acesso em: 12 fev. 2024.

MARIANO, João B. "A vitória do negro está no Livro". *A Voz da Raça*, São Paulo, 17 jun. 1933. Disponível em <https://memoria.bn.br/DocReader/DocReader.aspx?bib=845027&Pesq=%22Guerra%20do%20Paraguai%22&pagfis=52>. Acesso em: 18 fev. 2024.

MARTINS, Gabriel. "Canção para ninar menino grande". *Itaú Cultural*, São Paulo, 6 jun. 2024. Disponível em <www.itaucultural.org.br/secoes/colunistas/cancao-para-ninar-menino-grande>. Acesso em: 30 jun. 2024.

MAZZEI, Beatriz. "Rap da experiência". *Uol*, Rio de Janeiro, 25 jul. 2023. Disponível em <www.uol.com.br/ecoa/reportagens-especiais/conceicao-evaristo/>. Acesso em: 24 fev. 2024.

MENDES, Rogerio. "Para descolonizar as letras na América Latina". *Revista Continente*, ano XXIII, n. 267, pp 44-47, mar. 2023. Disponível em <www.revistacontinente.com.br/edicoes/267/para-descolonizar-as-letras-na-america-latina-1>. Acesso em: 9 set. 2024.

MORAES, Camila. "Faltam negros no palco da Flip, mas também na plateia". *El País*, São Paulo, 26 maio 2016. Disponível em <https://brasil.elpais.com/brasil/2016/05/23/cultura/1464037174_953224.html>. Acesso em: 27 fev. 2024.

MOTA, Patrícia Flávia; FERREIRA, Arthur Vianna; SIRINO, Marcio Bernardino. "CIEP como espaço de educação social: apontamentos sobre o Programa Especial de Educação (PEE)". *Revista Interinstitucional Artes de Educar*, Rio de

Janeiro, v. 3, n. 2, pp. 113-129, jul./out. 2017. Disponível em <www.e-publicacoes.uerj.br/index.php/riae/article/view/31714/22444>. Acesso em: 29 jun. 2024.

NEVES, Lucas. "'Negra em Salão do Livro causa furor', diz autora brasileira. *Folha de S.Paulo*, 23 mar. 2015. Disponível em <www.folha.uol.com.br/ilustrada/2015/03/1606652-negra-em-salao-do-livro-causa-furor-diz-autora-brasileira.shtml>. Acesso em 17 set. 2024.

"NÃO existiria o século 20 sem... a geladeira". *Folha de S. Paulo*, São Paulo, 29 jul. 1999. Disponível em <www1.folha.uol.com.br/fsp/especial/ano2000/casa/sec20.htm>. Acesso em: 22 jun. 2024.

NUNES, Davi. "Banzo: um estado de espírito negro". *Duque dos Banzos*, [s.l.], 23 dez. 2017. Disponível em <www.ungareia.wordpress.com/2017/12/23/banzo-um-estado-de-espirito--negro/>. Acesso em: 9 jun. 2024.

OLIVEIRA, André de. "Joselia Aguiar: 'Minha preocupação foi mapear a literatura que está fora dos radares'". *El País*, São Paulo, 17 jul. 2017. Disponível em <www.brasil.elpais.com/brasil/2017/07/15/politica/1500072189_755174.html>. Acesso em: 27 fev. 2024.

OLIVEIRA, Flávia. "Favela, sim". *O Globo*, Rio de Janeiro, 26 jan. 2024. Disponível em <www.oglobo.globo.com/opiniao/flavia-oliveira/coluna/2024/01/favela-sim.ghtml>. Acesso em: 10 fev. 2024.

OLIVEIRA, G. N. de D.; JOSÉ DE OLIVEIRA, J. J. de .; BERGAMI, L. M. "Insubmissas lágrimas de mulheres: oralidade, resistência feminina e ancestralidade na escrevivência de Conceição Evaristo". *Aletria: Revista de Estudos de Literatura*, Belo Horizonte, v. 32, n. 4, pp. 35–56, 2023. Disponível em <www.periodicos.ufmg.br/index.php/aletria/article/view/38709>. Acesso em: 4 fev. 2024.

OLIVEIRA, Islene Motta de. "Fértil literatura". Itaú Cultural, São Paulo, 2017. Disponível em <https://ocupacao.icne-

BIBLIOGRAFIA

tworks.org/ocupacao/conceicao-evaristo/maternidade/>. Acesso em: 4 fev. 2024.

OLIVEIRA, Joana. "Conceição imortal". *Revista Claudia*, São Paulo, pp. 37-47, nov. 2022. Disponível em <www.claudia. abril.com.br/cultura/conceicao-evaristo-capa-claudia-novembro-2022>. Acesso em: 9 set. 2024.

OLIVEIRA, Luiz Henrique Silva de. "'Escrevivência' em Becos da memória, de Conceição Evaristo". *Revista Estudos Feministas*, ago. 2009. Disponível em <www.scielo.br/j/ref/a/X8t3QSJM5dMTjPTMJhLtwgc/>. Acesso em: 12 maio 2024.

OLIVEIRA, Margarete Aparecida de. "Entre becos e memórias, Conceição Evaristo e o poder da ficção". *Estado de Minas*, Belo Horizonte, 5 out. 2013. Disponível em <www.letras. ufmg.br/literafro/resenhas/ficcao/68-conceicao-evaristo- -entre-becos-e-memorias-conceicao-evaristo-e-o-poder- -da-ficcao>. Acesso em: 10 fev. 2024.

PINHEIRO, Gabriel Pinheiro. "'A ficção preenche um vazio': entrevista com Conceição Evaristo no Fliparacatu". *Culturadoria*, Belo Horizonte, 25 ago. 2023. Disponível em <www.culturadoria.com.br/conceicao-evaristo/>. Acesso em: 9 set. 2024.

PEIXOTO, Mariana. "Conceição Evaristo passa a limpo sua relação com BH em nova série do Curta!". *Estado de Minas*, Belo Horizonte, 06 jan. 2022. Disponível em <www. em.com.br/app/noticia/cultura/2022/01/06/interna_cultura,1335688/conceicao-evaristo-passa-a-limpo-sua-relacao-com-bh-em-nova-serie-do-curta.shtml>. Acesso em: 10 fev. 2024.

PESSOA, Mônica do Nascimento. "Percepções culturais sobre os 'griots' na contemporaneidade". *VIII Encontro Estadual de História*, Feira de Santana, Bahia, 2016. Disponível em <www.encontro2016.bahia.anpuh.org/resources/anais/49/1477692221_ARQUIVO_artigoanpuhbahiaok. pdf>. Acesso em: 27 fev. 2024.

PEREIRA, Carlos Eduardo da Silva. "'Nada consta!': uma perspectiva historiográfica sobre o atestado de ideologia política (1931-1952 e 1967-1979)". *Oficina do Historiador*, [s.l.], v. 12, n. 2, 2019. Disponível em <www.doi.org/10.15448/2178-3748.2019.2.34138>. Acesso em: 11 fev. 2024.

PINTO, Regina Pahim. "Movimento negro e educação do negro: a ênfase na identidade". *Fundação Carlos Chagas*, São Paulo, n. 86. pp. 25-38, ago. 1993. Disponível em <www.fcc.org.br/pesquisa/publicacoes/cp/arquivos/893.pdf>. Acesso em: 23 jun. 2024.

PRANDI, Reginaldo. "O candomblé e o tempo: concepções de tempo, saber e autoridade da África para as religiões afro-brasileiras". *Revista Brasileira de Ciências Sociais*, v. 16, n. 47, out. 2001. Disponível em <doi.org/10.1590/S0102-69092001000300003>. Acesso em: 22 jun. 2024.

RESENDE, Lucas Lanna. "Eleição na ABL, nesta quinta, é marcada por disputa entre indígenas". *Estado de Minas*, Belo Horizonte, 5 out. 2023. Disponível em <www.em.com.br/app/noticia/cultura/2023/10/05/interna_cultura,1571782/eleicao-na-abl-nesta-quinta-e-marcada-por-disputa-entre--indigenas.shtml#google_vignette>. Acesso em: 24 fev. 2024.

RICCI, Larissa. "Escola Barão do Rio Branco foi trocada por 'porão'". *Estado de Minas*, Belo Horizonte. 09 jun. 2017. Disponível em <www.em.com.br/app/noticia/gerais/2017/06/09/interna_gerais,875275/escola-barao-do-rio-branco-foi-trocada-por-porao.shtml>. Acesso em: 08 jun. 2024.

ROSSI, Marina. "As mulheres brasileiras dizem basta". *El País*, São Paulo, 4 nov. 2015. Disponível em <https://brasil.elpais.com/brasil/2015/11/03/politica/1446573312_949111.html>. Disponível em 27 fev. 2024.

SÁ, Marco Antonio Fontes de. "Congadas e reinados: celebrações de um catolicismo popular, africano e brasileiro".

BIBLIOGRAFIA

Revista Mosaico, Goiânia, v. 12, pp. 286-302, 2019. Disponível em <https://seer.pucgoias.edu.br/index.php/mosaico/article/view/7713/pdf>. Acesso em: 12 fev. 2024.

SANTANA, Crisley. "Jeferson Tenório divulga início das vendas do seu novo romance". *Gazeta de São Paulo*, 12 set. 2024. Disponível em <www.gazetasp.com.br/entretenimento/autor-jeferson-tenorio-divulga-inicio-das-vendas-do-seu--novo-romance/1143284/>. Acesso em 17 set. 2024.

SANTOS, Gilvaneide; LIMA, Lidiane. "O erótico como resistência em 'Luamanda' e 'Mais iluminada que outras'". *Caderno Seminal*, [s.l.], n. 46, 2023. Disponível em <www.e--publicacoes.uerj.br/cadernoseminal/article/view/78117>. Acesso em: 17 fev. 2024.

SANTOS, Mauricio dos; SILVA, Anaxsuell Fernando da. "Iyás e abebés: existências, resistências e lutas matriarcais afrodiaspóricas". *Revista Calundu*, Brasília, v. 4, n. 2, jul./dez. 2020. Disponível em <www.periodicos.unb.br/index.php/revistacalundu/article/view/34579>. Acesso em: 30 jun. 2024.

SILVA, Andressa Marques da. "O Quilombhoje, o Grupo Negrícia e o debate pioneiro sobre o ensino de literatura afro-brasileira nos anos 1980". *Revista Cerrados*, Brasília, v. 30, n. 57, pp. 9-18, 2021. Disponível em <www.periodicos.unb.br/index.php/cerrados/article/view/39551>. Acesso em: 18 fev. 2024.

SILVA, Elen Karla Sousa da; CARDOSO, Sebastião Marques. "Ponciá Vicêncio: rastros de memória e ficção". *Kwanissa*, São Luís, n. 2, pp. 55-70, jul./dez, 2018. Disponível em <www.periodicoseletronicos.ufma.br/index.php/kwanissa/article/view/8690/5693>. Acesso em: 17 fev. 2024.

SILVA, Luiz (Cuti). "Poesia erótica nos Cadernos Negros". *Quilombhoje*, Belo Horizonte, [s.d.]. Disponível em <www.quilombhoje.com.br/ensaio/cuti/TextocriticoErotismoCuti.htm>. Acesso em: 18 fev. 2024.

SILVA, Marcia Veiga da; MORAES, Fabiana. "A objetividade jornalística tem raça e tem gênero: a subjetividade como estratégia descolonizadora". *Anais do 28º Encontro Anual da COMPÓS*, Porto Alegre, 2019. Disponível em <https://proceedings.science/compos/compos-2019/trabalhos/a-objetividade-jornalistica-tem-raca-e-tem-genero-a-subjetividade-como-estrategi?lang=pt-br>. Acesso em: 3 fev. 2024.

SOUZA, Marinete Luzia Francisca de; SENA, Danielle Gonçalves; SANTOS, Mônica Maria dos. "Elos simbólicos no romance Ponciá Vicêncio de Conceição Evaristo". *Revista Alere*, [s.l.], v. 20, n. 2, pp. 97–126, 2020. Disponível em <https://periodicos.unemat.br/index.php/alere/article/view/4492>. Acesso em: 24 fev. 2024.

VASCONCELOS, Vania Maria Ferreira. "Rosário de mulher: a maternidade como um elo criativo e solidário entre mulheres na escrita de Conceição Evaristo". *Seminário Internacional Fazendo Gênero*, Florianópolis, n. 9, 2010. Disponível em <www.fg2010.wwc2017.eventos.dype.com.br/resources/anais/1277904047_ARQUIVO_NOVAVERSAODOROSARIODEMULHERPARAFG-paramesclagem.pdf>. Acesso em: 4 fev. 2024.

"VENDAS de medicamentos psiquiátricos disparam na pandemia". *Conselho Federal de Farmácia*, Brasília, 16 mar. 2023. Disponível em <https://site.cff.org.br/noticia/noticias-do-cff/16/03/2023/vendas-de-medicamentos-psiquiatricos-disparam-na-pandemia>. Acesso em: 27 fev. 2024.

XAVIER, Giovana. "Carta aberta à Festa Literária Internacional de Parati – Cadê as Nossas Escritoras Negras na FLIP 2016?" *Conversa de Historiadoras*, [s.l.], 27 jun. 2016. Disponível em <www.conversadehistoriadoras.com/2016/06/27/carta-aberta-a-feira-literaria-internacional-de-parati-cade-as-nossas-escritoras-negras-na-flip-2016/>. Acesso em: 27 fev. 2024.

BIBLIOGRAFIA

YOURÙBÁ, Ìyá. "The Yorùbá Name "ÀÌNÁ". *Alámọ̀já Yorùbá*, [s.l.], [s.d.]. Disponível em <www.alamojayoruba.com/elementor-608/>. Acesso em: 23 jun. 2024.

YORUBA – ORIKI AINA (ENI TI AKO GBODO NA). *Waidi Adebayo*, [s.l.], 13 nov. 2022. Disponível em <www.waidi-gbenro.wordpress.com/2022/11/13/yoruba-oriki-aina-eni--ti-ako-gbodo-na/>. Acesso em: 23 jun. 2024.

TESES E DISSERTAÇÕES

AZEVEDO, Tássia Vargas Escobar. *A manifestação da loucura e do feminino na prosa de Conceição Evaristo*. 2021. 72 pp. Dissertação (Mestrado) – Faculdade de Filosofia, Comunicação, Letras e Artes da Pontifícia Universidade Católica de São Paulo. Área de concentração: Literatura e Crítica Literária. Disponível em <www.repositorio.pucsp.br/jspui/handle/handle/24375>. Acesso em: 17 fev. 2024.

BETTAMIO, Rafaella Lúcia de Azevedo Ferreira. *O DOI-CODI carioca: Memória e cotidiano no "Castelo do Terror"*. 2012. 218 pp. Dissertação (Mestrado) - Centro de Pesquisa e Documentação de História Contemporânea do Brasil, Programa de Pós-Graduação em História, Política e Bens Culturais da Fundação Getúlio Vargas. Disponível em <https://repositorio.fgv.br/server/api/core/bitstreams/b3a5eb2e-53c8-4d-1c-941d-ce078073be14/content>. Acesso em: 9 jun. 2024.

BRITO, Maria da Conceição Evaristo de. *Poemas malungos – cânticos irmãos*. 2011. 172 pp. Tese (Doutorado) – Universidade Federal Fluminense, Instituto de Letras, 2016.

MIRANDA, Fernanda Rodrigues de. *Corpo de romances de autoras negras brasileiras (1859-2006): posse da história e colonialidade nacional confrontada*. 2019. 251 pp. Tese (Doutorado) – Faculdade de Filosofia, Letras e Ciências Humanas da Universidade de São Paulo. Departamento de

Letras Clássicas e Vernáculas. Disponível em <www.teses.usp.br/teses/disponiveis/8/8156/tde-26062019-113147/pt-br.php>. Acesso em: 14 jan. 2024.

NASCIMENTO DOS SANTOS, Tatiana. *Letramento e tradução no espelho de Oxum: teoria lésbica negra em auto/re/conhecimentos*. 2014. 185 pp. Tese (Doutorado) – Universidade Federal de Santa Catarina, Centro de Comunicação e Expressão. Programa de Pós-Graduação em Estudos da Tradução. Disponível em <www.repositorio.ufsc.br/bitstream/handle/123456789/128822/331961.pdf?sequence=1>. Acesso em 30 jun. 2024.

PAULA, Marilene de. *Políticas de ação afirmativa para negros no governo Fernando Henrique Cardoso (1995-2022)*. 2010. 149 pp. Dissertação (Mestrado) – Fundação Getúlio Vargas. Centro de Pesquisa e Documentação de História Contemporânea do Brasil, Programa de Pós-graduação em História, Política e Bens Culturais. Disponível em <https://repositorio.fgv.br/items/5e985daa-a818-4f57-a296-15e4f7c8095c>. Acesso em: 22 jul. 2024.

BENTO, Oluwa Seyi Salles. *Orixá e Literatura brasileira: a esteticização da deusa afro-brasileira Oxum em narrativas de Conceição Evaristo*. 2021. 205 pp. Dissertação (Mestrado) – Faculdade de Filosofia, Letras e Ciências Humanas da Universidade de São Paulo. Disponível em <www.teses.usp.br/teses/disponiveis/8/8156/tde-29072021-183820/publico/2021_OluwaSeyiSallesBento_VCorr.pdf>. Acesso em: 17 fev. 2024.

SILVA, Andréia Rosalina. *Associação José do Patrocínio: dimensões educativas do Associativismo Negro entre 1950 e 1960 em Belo Horizonte – Minas Gerais*. 2010. 128 pp. Dissertação (Mestrado) – Faculdade de Educação da Universidade Federal de Minas Gerais. Disponível em <https://

repositorio.ufmg.br/handle/1843/BUOS-8CSM3Y>. Acesso em: 18 fev. 2024.

SILVA, Fernanda Felisberto da. *Escrevivências na Diáspora: escritoras negras, produção editorial e suas escolhas afetivas, uma leitura de Carolina Maria de Jesus, Conceição Evaristo, Maya Angelou e Zora Neale Hurston*. 2011. 154 pp. Tese (Doutorado) – Universidade do Estado do Rio de Janeiro, Instituto de Letras. Disponível em <www.bdtd.uerj.br:8443/handle/1/6077>. Acesso em: 10 fev. 2024.

SOUSA, Emilene Leite. *Umbigos enterrados: corpo, pessoa e identidade Capuxu através da infância*. 2014. 422 pp. Tese (Doutorado) – Universidade Federal de Santa Catarina, Centro de Filosofia e Ciências Humanas. Programa de Pós-Graduação em Antropologia Social.

AUDIOVISUAL

"'A POTÊNCIA do meu texto congrega várias pessoas', diz Conceição Evaristo", 2023. 1 vídeo (1min49s). Publicado pelo canal Band Jornalismo, 25 nov. 2023. Disponível em <www.youtube.com/watch?v=wfq5GfitcS0>. Acesso em: 26 fev. 2024.

"BECOS da Memória – Ocupação Conceição Evaristo (2017)", 2017. 1 vídeo (10min33s). Publicado pelo canal Itaú Cultural, 3 maio 2017. Disponível em <www.youtube.com/watch?v=-DEVLDHaRtQ>. Acesso em: 11 fev. 2024.

"CANÇÃO PARA NINAR MENINO GRANDE | ENTREVISTA COM CONCEIÇÃO EVARISTO", 2023. 1 vídeo (4min47s). Publicado pelo Canal Curta!, 11 maio 2023. Disponível em <www.youtube.com/watch?v=9OkO9LO-dlME>. Acesso em: 30 jun. 2024.

"CICLO de Seminários Mulheres nas Artes | Módulo II - Entrevista aberta com Conceição Evaristo", 2019. 1 vídeo

(1h17min27s). Publicado pelo canal Museu de Arte do Rio, 3 jul. 2019. Disponível em <www.youtube.com/watch?-v=yy6cTCYe8k4>. Acesso em: 11 fev. 2024.

"CONCEIÇÃO aluna – Ocupação Conceição Evaristo (2017)", 2017. 1 vídeo (6min43s). Publicado pelo canal Itaú Cultural, 3 maio 2017. Disponível em <www.youtube.com/watch?-v=3SB8HgjoXKk>. Acesso em: 11 fev. 2024.

"CONCEIÇÃO Evaristo é a convidada do Trilha de Letras", 2023. 1 vídeo (30min25s). Publicado pelo canal TV Brasil, 15 nov. 2023. Disponível em <www.youtube.com/watch?-v=xplu30xQvzg&t=305s>. Acesso em: 11 fev. 2024.

"CONCEIÇÃO Evaristo e a mulher negra na sociedade | Espelho", 2016. 1 vídeo (24min28s). Publicado pelo canal Canal Brasil, 29 abr. 2021. Disponível em <https://www.youtube.com/watch?v=1SRI-R27F_o&t=11s>. Acesso em: 11 fev. 2024.

"CONCEIÇÃO Evaristo – Encontros de Interrogação (2015), 2015. 1 vídeo (15min27s). Publicado pelo canal Itaú Cultural, 14 jul. 2015. Disponível em <https://www.youtube.com/watch?v=dHAaZQPIF8I>. Acesso em: 11 fev. 2024.

"CONCEIÇÃO EVARISTO | Escrevivência", 2020. 1 vídeo (23min18s). Publicado pelo canal Leituras Brasileiras, 06 fev. 2020. Disponível em <www.youtube.com/watch?v=-QXopKuvxevY&t=3s>. Acesso em: 11 fev. 2024.

"CONCEIÇÃO EVARISTO e Rosiska Darcy de Oliveira – Flávia Oliveira", 2024. 1 vídeo (59min30s). Publicado pelo canal Flipetrópolis, 3 maio 2024. Disponível em <www.youtube.com/watch?v=4IxCJrwzNvw>. Acesso em: 8 jun. 2024.

"CONCEIÇÃO Evaristo – Flip (2016) – Parte 1/5", 2016. 1 vídeo (2min40s). Publicado pelo canal Itaú Cultural, 30 jun. 2016. Disponível em <www.youtube.com/watch?v=O-biUmvR-zW4>. Acesso em: 11 fev. 2024.

"CONCEIÇÃO Evaristo – Flip (2016) – Parte 2/5", 2016. 1 vídeo (1min29s). Publicado pelo canal Itaú Cultural, 1º jul. 2016.

Disponível em <www.youtube.com/watch?v=8Dpo8DrBi-Vw>. Acesso em: 11 fev. 2024.

"CONCEIÇÃO Evaristo – Flip (2016) – Parte 3/5", 2016. 1 vídeo (2min42s). Publicado pelo canal Itaú Cultural, 1º jul. 2016. Disponível em <www.youtube.com/watch?v=R2Vm87ot-DK8>. Acesso em: 11 fev. 2024.

"CONCEIÇÃO Evaristo – Flip (2016) – Parte 4/5", 2016. 1 vídeo (1min54s). Publicado pelo canal Itaú Cultural, 1º jul. 2016. Disponível em <www.youtube.com/watch?v=FZa7tiBH-nAc>. Acesso em: 11 fev. 2024.

"CONCEIÇÃO Evaristo – Flip (2016) – Parte 5/5", 2016. 1 vídeo (2min36s). Publicado pelo canal Itaú Cultural, 1º jul. 2016. Disponível em <www.youtube.com/watch?v=dFsY72jgL-nU>. Acesso em: 11 fev. 2024.

"CONCEIÇÃO Evaristo", 2023. 1 áudio (2h27min). Publicado pelo podcast Mano a Mano, jun. 2023. Disponível em <https://open.spotify.com/episode/4BnaMQUzUXv-Do276bkHs3d>. Acesso em: 11 fev. 2024.

"CONCEIÇÃO Evaristo - Trip Transformadores 2019", 2019. 1 vídeo (5min0s). Publicado pelo canal Trip Transformadores, 5 dez. 2019. Disponível em <www.youtube.com/watch?v=mkfKJ6wZQqU>. Acesso em: 11 fev. 2024.

"CONCEIÇÃO Evaristo, uma entidade da literatura brasileira", 2020. 1 vídeo (28min3s). Publicado pelo canal Canal Brasil, 23 jul. 2020. Disponível em <www.youtube.com/watch?v=0hzgzoEQp4w&t=35s>. Acesso em: 11 fev. 2024.

"CONCEIÇÃO matéria – Ocupação Conceição Evaristo (2017)", 2017. 1 vídeo (6min46s). Publicado pelo canal Itaú Cultural, 3 maio 2017. Disponível em <www.youtube.com/watch?v=Tgsl6x6Ih5c>. Acesso em: 11 fev. 2024.

"CONCEIÇÃO professora – Ocupação Conceição Evaristo (2017)", 2017. 1 vídeo (7min38s). Publicado pelo canal Itaú Cultural, 3 maio 2017. Disponível em <www.youtube.com/watch?v=lI_CK4DNAqs>. Acesso em: 11 fev. 2024.

CONCEIÇÃO EVARISTO

"CULTNE - Abdias do Nascimento - Marcha Zumbi Está Vivo - 1983", 2010. 1 vídeo (8min25s). Publicado pelo canal Cultne, 16 abr. 2010. Disponível em <www.youtube.com/watch?v=P3DG479n-oU>. Acesso em: 16 jun. 2024.

"CULTNE - Marcha de 88 - Reflexão 125 anos", 2013. 1 vídeo (14min59s). Publicado pelo canal Cultne, 10 maio 2013. Disponível em <www.youtube.com/watch?v=gbbm0MeN-xk4>. Acesso em: 16 jun. 2024.

"DE BELO Horizonte para o Rio de Janeiro – Ocupação Conceição Evaristo (2017)", 2017e. 1 vídeo (7min7s). Publicado pelo canal Itaú Cultural, 4 maio 2017. Disponível em <www.youtube.com/watch?v=hnThqRa-W3E>. Acesso em: 11 fev. 2024.

"DIÁSPORAS – Ocupação Conceição Evaristo (2017)", 2017. 1 vídeo (9min38s). Publicado pelo canal Itaú Cultural, 3 maio 2017. Disponível em <www.youtube.com/watch?v=-gcUiegUqonQ>. Acesso em: 11 fev. 2024.

"FLIP 2017 - "Amadas", com Ana Maria Gonçalves e Conceição Evaristo", 2017. 1 vídeo (1h22min41s). Publicado pelo canal Flip - Festa Literária Internacional de Paraty, 4 ago. 2017. Disponível em <www.youtube.com/watch?v=crOW0a-XXh0Q>. Acesso em: 27 fev. 2024.

"MATERNIDADE – Ocupação Conceição Evaristo (2017)", 2017. 1 vídeo (8min37s). Publicado pelo canal Itaú Cultural, 3 maio 2017. Disponível em <www.youtube.com/watch?-v=60SnkIJrBl0>. Acesso em: 11 fev. 2024.

"MEMÓRIA – Ocupação Conceição Evaristo (2017)", 2017. 1 vídeo (3min46s). Publicado pelo canal Itaú Cultural, 16 maio 2017. Disponível em <www.youtube.com/watch?v=a-ACZLdoEQb4>. Acesso em: 11 fev. 2024.

"MÊS da Consciência Negra - Imagem da Palavra - Parte 1", 2012. 1 vídeo (11min58s). Publicado pelo canal Itaú Cultural, 20 nov. 2012. Disponível em <www.youtube.com/watch?v=pwQ4Bxc87PE>. Acesso em: 24 fev. 2024.

BIBLIOGRAFIA

"MESA: Confluências e escrevivências, muito mais do que rimas", 2023. 1 vídeo (1h46min16s). Publicado pelo canal Flup RJ, 15 out. 2023. Disponível em <https://www.youtube.com/watch?v=K2bG76vfwbQ&t=14s>. Acesso em: 11 fev. 2024.

"MESA 1 - Raízes da memória negra: ancestralidade e resistência no silêncio e na voz", 2023. 1 vídeo (1h2min27s). Publicado no canal Instituto Ibirapitanga, 28 out. 2023. Disponível em <www.youtube.com/watch?v=UeixrAr-8fL0>. Acesso em: 11 fev. 2024.

"MILITÂNCIA e obra – Ocupação Conceição Evaristo (2017)", 2017. 1 vídeo (6min49s). Publicado pelo canal Itaú Cultural, 4 maio 2017. Disponível em <www.youtube.com/watch?v=GsUWzr4HLc8>. Acesso em: 11 fev. 2024.

"NEGRITUDE Atitude - Conceição Evaristo", 2022. 1 vídeo (25min56s). Publicado pelo canal Centro Cultural Vale Maranhão, 23 set. 2022. Disponível em <www.youtube.com/watch?v=TXgWm4qpK98>. Acesso em: 26 fev. 2024.

"O PONTO de partida da escrita – Ocupação Conceição Evaristo (2017)", 2017. 1 vídeo (6min40s). Publicado pelo canal Itaú Cultural, 3 maio 2017. Disponível em <www.youtube.com/watch?v=3CWDQvX7rno>. Acesso em: 11 fev. 2024.

"O TRILHA de Letras recebe a escritora Conceição Evaristo | Programa Completo", 2018. 1 vídeo (27min22s). Publicado pelo canal TV Brasil, 20 mar. 2018. Disponível em <www.youtube.com/watch?v=9lpOGN36WxA&t=975s>. Acesso em: 24 fev. 2024.

"ORIGENS: Conceição Evaristo", 2021. 1 reportagem multimídia (texto, imagens e vídeos de menos de 1min). Publicada pelo portal Uol, 14 maio 2021. Disponível em <www.uol.com.br/tilt/reportagens-especiais/ancestralidade-conceicao-evaristo.htm>. Acesso em: 12 fev. 2024.

"REPRESENTATIVIDADE – Ocupação Conceição Evaristo (2017)", 2017. 1 vídeo (11min12s). Publicado pelo canal Itaú

Cultural, 5 maio 2017. Disponível em <www.youtube.com/watch?v=frhuR-praJk>. Acesso em: 11 fev. 2024.

"RODA VIVA | Conceição Evaristo | 06/09/2021", 2021. 1 vídeo (1h37min2s). Publicado pelo canal Roda Viva, 7 set. 2021. Disponível em <www.youtube.com/watch?v=O2bxQJH--Plk>. Acesso em: 8 jun. 2024.

"TEXTO e contexto – Ocupação Conceição Evaristo (2017)", 2017. 1 vídeo (8min33s). Publicado pelo canal Itaú Cultural, 3 maio 2017. Disponível em <www.youtube.com/watch?v=vR0Ne2h0lwE>. Acesso em: 11 fev. 2024.

"VÍDEO Ponciá Vicêncio", 2020. 1 vídeo (5min26s). Publicado pelo canal Pallas Editora, 15 dez. 2020. Disponível em <www.youtube.com/watch?v=It-JG6HzD3M>. Acesso em: 25 fev. 2024.

LEGISLAÇÃO

BRASIL. Lei n. 2.040, de 28 set. 1871. Disponível em <www.planalto.gov.br/ccivil_03/leis/lim/lim2040.htm>. Acesso em: 25 fev. 2024.

BRASIL. Lei n. 10.216, de 9 abr. 2001, *Diário Oficial da União*, p. 2. Disponível em <https://legislacao.presidencia.gov.br/atos/?tipo=LEI&numero=10216&ano=2001&ato=b4fo-XWE5kMNpWT0b8>. Acesso em: 16 jun. 2024.

BRASIL. Lei n.10.639, de 9 jan. 2003, *Diário Oficial da União*, Seção 1, 10 jan. 2003, p.1. Disponível em <www.www2.camara.leg.br/legin/fed/lei/2003/lei-10639-9-janeiro--2003-493157-publicacaooriginal-1-pl.html>. Acesso em: 17 fev. 2024.

BRASIL. Lei n. 11.645, de 10 mar. 2008, *Diário Oficial da União*, Seção 1, 11 mar. 2008, p. 1. Disponível em <https://legis.senado.leg.br/norma/569484>. Acesso em: 17 fev. 2024.

BIBLIOGRAFIA

BRASIL. Lei n. 12.711, de 29 ago. 2012, *Diário Oficial da União*, Seção 1, 30 ago. 2012, p. 1. Disponível em <https://legislacao.presidencia.gov.br/atos/?tipo=LEI&numero=12711&ano=2012&ato=5dcUTRq1kMVpWT502>. Acesso em: 22 jul. 2024.

BRASIL. Portaria Iphan n. 88, de 20 mar. 2023, *Diário Oficial da União*, Seção 1, 21 mar. 2023, p. 16. Disponível em <www.in.gov.br/en/web/dou/-/portaria-iphan-n-88-de-20-de--marco-de-2023-471685751>. Acesso em: 27 fev. 2024.

MINAS GERAIS. Decreto n. 27.927, de 15 de março de 1988, *Diário Oficial do Estado de Minas Gerais*. Disponível em <www.almg.gov.br/legislacao-mineira/texto/DEC/27927/1988/>. Acesso em: 4 fev. 2024.

A primeira edição deste livro foi impressa em outubro de 2024,
ano em que Conceição Evaristo foi eleita imortal pela
Academia Mineira de Letras e teve seu acervo documental
depositado no Arquivo Museu da Literatura Brasileira,
da Fundação Casa de Rui Barbosa; foi a primeira mulher
negra a receber ambas honrarias.

*

A capa deste livro foi composta na tipografia Elza (Blackletra)
e impressa em cartão supremo. O miolo foi composto em
Minion Pro (Robert Slimbach) e impresso em papel off-white,
no Sistema Cameron da Divisão Gráfica da Distribuidora Record.